Anselm Grün

Jesus – Lehrer des Heils
Das Evangelium
des Matthäus

Anselm Grün

Jesus – Lehrer des Heils
Das Evangelium
des Matthäus

Kreuz

Die Deutsche Bibliothek – CIP-Einheitsaufnahme
Ein Titeldatensatz für diese Publikation ist bei
Der Deutschen Bibliothek erhältlich.

1   2   3   4   5   06   05   04   03   02

© 2002 Kreuz Verlag GmbH & Co. KG Stuttgart, Zürich
Ein Unternehmen der Verlagsgruppe Dornier
Postfach 80 06 69, 70506 Stuttgart, Tel.: 0711/78 80 30
Sie erreichen uns rund um die Uhr unter www.kreuzverlag.de
Umschlagbild: Codex Millenarius, Matthäus (Ausschnitt)
Umschlaggestaltung: Atelier Reichert, Stuttgart
Satz: de·te·pe, Aalen
Druck und Bindung: GGP Media, Pößneck

Die Schreibweise entspricht den Regeln
der neuen Rechtschreibung.

ISBN 3 7831 2142 6

Inhalt

Einleitung

Das Matthäusevangelium gilt als das kirchliche Evangelium. In der frühen Kirche war das Matthäusevangelium das beliebteste. Es wurde am häufigsten beim Gottesdienst vorgelesen und interpretiert. Die frühe Kirche hat verstanden, dass für Matthäus die Kirche bzw. die konkrete christliche Gemeinde der Ort ist, an dem Jesu Wirken weitergeht. Nur wenn die Kirche richtig von Jesus erzählt, wenn sie seine Botschaft versteht und wenn sie seinen Weisungen folgt, kann sie für diese Welt zum Zeugnis für Christus werden. Nur dann ist sie der Ort, an dem Christus als der von Gott Erhöhte heute in dieser Welt zu wirken vermag.

Der Verfasser

Wer der Autor des Matthäusevangeliums ist, können wir nicht sagen. Die meisten Exegeten nehmen an, dass es ein gebildeter Judenchrist der zweiten Generation war. Er spricht ein gutes Griechisch. Als Judenchrist ist er zugleich offen für die Heiden, denen das Evangelium in gleicher Weise gilt. Vermutlich hat der Verfasser, der sich Matthäus nennt, das Evangelium zwischen 80 und 90 n. Chr. in Antiochien geschrieben, einer Stadt, in der die Christen gemeinsam mit Juden, Griechen und anderen Volksgruppen zusammen lebten.

Das Milieu, in dem der Autor das Evangelium verfasst hat, war ein hellenistisch-jüdisches. Dabei war das jüdische Element stärker. In keinem anderen Evangelium finden wir eine so starke Auseinandersetzung mit dem jüdischen Gesetz wie bei Matthäus. Kein anderer Evangelist hat Jesus so sehr innerhalb des Judentums dargestellt. Jesus ist der, der das Gesetz authentisch auslegt.

Doch zugleich finden wir in keinem Evangelium eine solch scharfe Kritik an den Juden, vor allem an den Pharisäern und Schriftgelehrten. Das hatte oft unheilvolle Wirkungen in der Auslegungsgeschichte. Manche polemischen Stellen wurden dazu missbraucht, einen christlichen Antisemitismus zu entwickeln, der jedoch dem Matthäusevangelium diametral entgegengesetzt ist, denn dem Evangelium ist es ein großes Anliegen, die Kontinuität zum Judentum zu wahren. Die christliche Gemeinde ist die legitime Nachfolgerin der jüdischen Synagoge. Jesus ist ein Lehrer, ähnlich wie die jüdischen Rabbis, doch er zeichnet sich durch eine Lehre aus, die dem wahren Willen Gottes entspricht.

In Jesus hat sich die Verheißung erfüllt, die Israel gegeben wurde. Jesus steht daher nicht gegen Israel, sondern in seinem Volk. Er legt den Willen Gottes für sein Volk authentisch aus und erfüllt durch sein Tun, was Israel in seiner Glaubensgeschichte, die oft auch eine Geschichte des Abfalls von Gott war, immer wieder verheißen worden ist. Daher hat kein Evangelist so viele Stellen des Alten Testaments zitiert wie Matthäus. Ihm genügt es nicht, nur den Glauben seiner Leser zu stärken. Es ist ihm auch ein Anliegen, diesen Jesus Christus als die Erfüllung der Verheißungen des AT zu verstehen. Matthäus leitet seine Schriftzitate immer mit den Worten ein: »Denn es sollte sich erfüllen, was durch den Propheten Jesaja gesagt worden ist.« (4,14; ähnlich 1,22; 2,15,17,23; 8,17; 12,17; 13,35; 21,4; 27,9) In diesen so genannten Erfüllungszitaten wird die Theologie des Evangelisten und sein Verständnis von Jesus sichtbar: In Jesus leuchtet das Licht Gottes für die, die im Dunkeln leben. (4,14) Jesus verwirklicht das Bild, das Jesaja vom Gottesknecht gezeichnet hat. Wenn Jesus Kranke heilt, so erfüllt sich darin, was vom Gottesknecht gesagt wird: »Er hat unsere Leiden auf sich genommen und unsere Krankheiten getragen.« (8,17) Jesus geht behutsam mit den Menschen um. Er zankt und schreit nicht. Er zerbricht nicht das geknickte Rohr, sondern richtet es auf. (12,17–21) In seiner Lehre verkündet Jesus, »was seit der Schöpfung verborgen war«. (13,35) Er öffnet uns die Augen für die Wirklichkeit der Schöpfung, für das Geheimnis Gottes, das in der Schöpfung erkannt werden kann, vor dem die Menschen aber ihre Augen verschlossen hatten. Jesus führt uns ein in das Geheimnis Gottes und das des Menschen. Er ist der sanfte und friedfertige König, der gewaltlos die Herrschaft Gottes aufrichtet. (21,4f)

Die manchmal harte Polemik gegen die Pharisäer und Schriftgelehrten ist aus der geschichtlichen Situation zu verstehen, in der das Matthäusevangelium entstanden ist: Nach dem jüdischen Krieg waren allein die Pharisäer die bestimmende Gruppe im Judentum. Die Sadduzäer, Zeloten und Essener bestanden praktisch nicht mehr. Die von den Römern besiegten Juden versuchten, sich in der Synode von Jamnia neu zu formieren. Auf dieser Synode wurden die Judenchristen offiziell aus der Synagoge ausgeschlossen. In das Achtzehnbittengebet wurde folgende Bitte aufgenommen: »Den Abtrünnigen sei keine Hoffnung, das vermessene Königtum mögest du eilends ausrotten in unseren Tagen, die Christen und Häretiker mögen augenblicks umkommen, getilgt werden aus dem Buche des Lebens und nicht verzeichnet werden zusammen mit den Gerechten.« (Grundmann, 32) Vor diesem geschichtlichen Hintergrund ist es verständlich, dass Matthäus die Kritik Jesu an den Pharisäern zu den Weherufen verschärft und dabei über Jesus weit hinausgeht. Manche Punkte der scharfen Kritik an den Pharisäern und Schriftgelehrten sind zeitbedingt, und dürfen uns nicht dazu verleiten, ein einseitig negatives Bild von diesen jüdischen Gruppen zu zeichnen. Auf der anderen Seite stehen die Pharisäer und Schriftgelehrten für Matthäus auch als Bild für die Gefahr, dass sich in der christlichen Gemeinde ähnliche Gruppen von Lehrern entwickeln, die sich über das Gesetz stellen und den Menschen nicht mehr die Botschaft Jesu, sondern ihre eigene Verkündigung vermitteln.

Die Exegeten vermuten hinter dem Autor des Matthäusevangeliums eine Schule von christlichen Lehrern, die die Schriften des Alten Testaments heranzogen, um das Geschehen um Jesus zu deuten und zu verstehen. Matthäus steht sicher nicht allein. Was er schreibt, ist Ausdruck der Gemeindetheologie. Dennoch ist er ein einzelner Autor, der sein Evangelium kunstvoll aufgebaut und sorgfältig niedergeschrieben hat. Dabei schreibt er ein gutes Griechisch, bezieht sich aber immer wieder auf hebräisches Denken und hebräische Poesie. Er benutzt typische Stilmittel wie die Antithese, den Kontrast, die Wiederholung bestimmter Formeln, und rundet seine Erzählungen und Reden gerne mit einer Formel ab.

Matthäus schreibt das Evangelium für seine Gemeinde, die schon im Glauben unterrichtet ist. Ihm geht es daher nicht mehr um das Problem, wie der Mensch zum Jünger Jesu wird, sondern wie er sein Jüngersein bewähren kann. Es geht ihm nicht darum, wie der Mensch zum Glauben findet, sondern wie er aus dem Glauben lebt. Daher ist bei Matthäus die Alternative nicht, wie im Johannesevangelium, Glauben oder Nichtglauben, sondern Kleinglauben oder starker Glauben. Er will mit seinem Evangelium den Glauben seiner Gemeinde stärken.

In der Jüngerschaft sieht Matthäus das Wesen des Christen. Wenn er in seinem Evangelium von den Jüngern erzählt, sind sie für ihn immer schon Typos, Urbild des

Christen. Wie die Jünger sind auch die Christen gefährdet, Jesus zu verraten, ihn nicht zu verstehen, ihn falsch zu sehen oder in ihr eigenes Bild hineinpressen zu wollen. Daher zeichnet Matthäus seiner Gemeinde das Bild Jesu vor allem auch als das des Richters, dem sie Verantwortung schuldig sind. Dieses Bild erscheint uns heute als bedrohlich. Bei vielen Bibellesern werden Ängste wach, wenn sie vom Endgericht lesen, in dem die Guten von den Bösen geschieden werden. Das Bild des Gerichtes benutzt Matthäus jedoch nicht, um den Lesern Angst einzujagen, sondern um sie auf die Konsequenzen ihres Handelns hinzuweisen. Die Grundtatsache unserer christlichen Existenz ist, dass wir von Gott bedingungslos geliebt sind. Aber die Erfahrung dieser Liebe muss sich auch ausdrücken in einem Leben, das dem Willen Gottes entspricht. Wenn wir Jesu Worte und Gottes Willen missachten, dann leben wir an uns selbst vorbei, dann verletzen wir uns selbst. Die Predigt vom Gericht ist also eine Mahnpredigt: »Nimm dein Leben ernst! Es ist einmalig. Du kannst dein Leben auch verschlafen. Wach auf und lebe wirklich! Lebe so, wie es Gottes Willen und deinem wahren Wesen entspricht!«

Matthäus als Lehrer

Matthäus versteht sich als Lehrer, der in seiner Gemeinde auftritt, um auf die Fragen und Probleme zu antworten, die die Mitglieder im konkreten Miteinander beschäftigen. Als Lehrer zeigt sich Matthäus in den fünf großen Reden, die er Jesus in den Mund legt. Matthäus ist Systematiker. Er ordnet die vielen Worte, die er aus dem Markusevangelium und aus der Logienquelle übernimmt, zu großen Reden zusammen. Die fünf Reden erinnern an die fünf Bücher Mose. Jesus ist der neue Mose. Er verkündet das Gesetz, das Mose den Israeliten überliefert hat, auf neue Weise und legt es für die christlichen Gemeinden aus. In seiner Lehre verbindet Matthäus das Alte und das Neue, die Heilige Schrift, wie sie Israel überliefert worden ist, mit der Botschaft Jesu, die die Heilige Schrift authentisch auslegt. Viele Exegeten glauben, dass Matthäus in 13,52 ein Selbstportrait von sich gezeichnet hat: »Jeder Schriftgelehrte also, der ein Jünger des Himmelreiches geworden ist, gleicht einem Hausherrn, der aus seinem reichen Vorrat Neues und Altes hervorholt.« Matthäus scheint im jüdischen Rabbinat aufgewachsen zu sein, doch er ist ein Jünger des Himmelreiches geworden. So holt er aus dem Alten der jüdischen Tradition und dem Neuen der Botschaft Jesu alles hervor, was ihm für die Belehrung der Gemeinde hilfreich erscheint.

Matthäus ist ein fähiger Lehrer. Er ordnet sein Material systematisch zueinander. Dabei benutzt er bewusst die Zahlensymbolik. Er liebt die Zahl drei als Bild für die Vollkommenheit und Fülle (dreimal vierzehn Generationen 1,2–17, drei Weisen der Frömmigkeit 6,1–18). Eine andere wichtige Zahl ist ihm die Sieben, die Zahl der Verwandlung (sieben Gleichnisse in Kapitel 13 und sieben Weherufe in Kapitel 23). Die Zehn ist ein Bild für die Ganzheit. Matthäus kennt zehn Wunder Jesu, in denen Jesus den Menschen wieder so herstellt, wie er von Gott her gedacht war, und ihn, den Verletzten und Zerrissenen, heilt und ganz macht. Die Zwölf ist die Zahl der vollkommenen Gemeinschaft. So wählt Jesus zwölf Apostel aus.

Zwei Aspekte sind mir am Lehrer Matthäus wichtig: Matthäus ist sich bewusst, dass es nur einen wahren Lehrer gibt: Christus. Daher soll sich niemand in der Gemeinde Lehrer nennen. Die Gemeinde ist eine Bruderschaft und eine Schwesterschaft. Keiner soll sich über den Anderen stellen. Auch wenn es in der matthäischen

Gemeinde Ämter gegeben hat, treten sie zurück hinter die Gemeinschaft der Brüder und Schwestern, die miteinander auf dem Weg sind und gemeinsam auf den Lehrer und Meister Jesus Christus hören. Die kirchliche Tradition hat diese Sicht des Autors dadurch vertieft, dass sie das Evangelium dem Matthäus zugeschrieben hat, der ja ein Zöllner war, und als Zöllner und Sünder von Jesus berufen wurde. Der Schriftgelehrte, der das Evangelium schreibt, ist sich seiner Herkunft bewusst. Er ist als Zöllner Jünger Jesu geworden und von Jesus unterwiesen worden. Er ist Bruder unter Brüdern. Für jeden Prediger und jede Predigerin ist das Bild, das Matthäus vom alleinigen Lehrer Christus und von sich selbst als berufenem Sünder zeichnet, eine Mahnung, sich nicht über andere zu stellen, sondern mit ihnen gemeinsam das Geheimnis Jesu und seines himmlischen Vaters zu meditieren und zu erklären.

Der andere Aspekt zeigt sich in der Komposition des Matthäusevangeliums: Einer Rede folgt immer ein Handlungsgeschehen. Den Worten Jesu folgen seine Taten. Was Jesus tut, interpretiert und bestätigt das, was er sagt. Worte und Taten ergänzen einander und legen sich gegenseitig aus. Jesus ist nicht ein Lehrer, der ein System von Geboten aufstellt, sondern einer, der die Lehre durch sein eigenes Leben bestätigt und bekräftigt. Daher ist seine Lehre nie moralisierend. Sie legt vielmehr sein eigenes Handeln aus. Umgekehrt konkretisiert Matthäus durch die Beschreibung der Taten Jesu, wie seine Lehre zu verstehen ist. Der Bergpredigt (Kapitel 5–7) folgen 10 Wunder (Kapitel 8 und 9). Damit stellt Matthäus eine Beziehung zum Auszug Israels aus Ägypten her, bei dem nach jüdischer Tradition 10 Wunder geschehen sein sollen. Die Bergpredigt und die 10 Wunder bestätigen, dass Jesus – wie es die Kindheitsgeschichte schon andeutet – der neue Mose ist, der sein Volk in das Gelobte Land, in das Himmelreich führt. In Jesu Lehre und in seinen Krankenheilungen leuchtet das Licht auf, das den Menschen, die im Schatten des Todes wohnen, Heil bringt. Der Aussendungsrede (Kapitel 10) folgen Erzählungen, die beschreiben, wie Jesus seine Sendung versteht (Kapitel 11 und 12). Der dritten Rede über die Gleichnisse des Himmelreiches (Kapitel 13) folgen Geschichten, die das Kommen des Himmelreiches konkretisieren, wie die Brotvermehrung, der Wandel Jesu über das Wasser, das Messiasbekenntnis des Petrus und die Verklärung Jesu, in der das Himmelreich den Jüngern aufleuchtet. Der Rede über das Zusammenleben in der Gemeinde (Kapitel 18) folgen Konkretisierungen in der Szene über die Ehescheidung und das Loslassen des Reichtums (Kapitel 19) und im Gespräch über Herrschen und Dienen in der christlichen Gemeinde (20,20–28). Der letzten Rede – den Worten gegen die Schriftgelehrten und Pharisäer (Kapitel 23) und der Rede über die Endzeit (Kapitel 24 und 25) – folgt die Erzählung von der Passion und Auferstehung Jesu. Passion und Auferstehung Jesu interpretieren die Rede von den letzten Dingen. Im Tod wird das Wirken Jesu für die ganze Menschheit, für den ganzen Kosmos von Bedeutung, und die Erscheinung des Auferstandenen vor den Frauen und den Jüngern und seine abschließende Offenbarung auf dem Berg nehmen seine Wiederkunft vorweg. Dieser Jesus, der durch den Tod hindurchgegangen ist, ist schon wiedergekommen. Er ist nun bis an das Ende der Zeiten bei den Jüngern. Er ist der Immanuel, als der er in der Vorgeschichte (1,23) verheißen wurde, der »Gott mit uns«. Die endgültige Wiederkunft, von der Jesus in Kapitel 24 spricht, vollendet nur, was in der Auferstehung schon geschehen ist.

Matthäus ist nicht nur ein Lehrer, der uns Lehrreden Jesu überliefert. Er lehrt vielmehr als einer, der die Worte und Taten Jesu kunstvoll miteinander verbindet und so das Geheimnis Jesu Christi deutet. Auch seine Erzählungen sind Lehre. In ihnen wird deutlich, wer dieser Jesus Christus für uns ist: der Retter und Heiland, der Messias, der das neue Gottesvolk um sich sammelt und es durch diese Zeit hindurchführt in das Himmelreich, das jetzt schon angebrochen ist, und das in der Vollendung der Welt allen offenbar werden wird. Jesus lehrt nicht, weil er eine besonders gute Ausbildung in der Deutung des Alten Testaments erhalten hat, sondern weil er eine tiefe spirituelle Erfahrung gemacht hat. Jesu Bewusstsein ist geprägt von der Erfahrung, dass Gott sein Vater ist und dass er Gottes Sohn ist. Er möchte uns durch seine Lehre teilhaben lassen an seiner Erfahrung und auch uns spüren lassen, dass wir Söhne und Töchter Gottes sind.

Die ethische Dimension des Matthäusevangeliums

Matthäus ist kein Lehrer, dem es nur um die »korrekte Lehre« geht. Sein Anliegen ist die Ethik. Kein anderer Evangelist hat die Botschaft Jesu so sehr als ethische Herausforderung verstanden wie Matthäus. Christ sein erschöpft sich für ihn nicht darin, dass man die richtige Glaubensformel bekennt und richtig betet. Entscheidend ist, dass das Verhalten des Christen seinen Glauben widerspiegelt. Matthäus geht es dabei nie nur um das Verhalten des Einzelnen, sondern um das konkrete Zusammenleben in der christlichen Gemeinde. Wie die Gemeinde miteinander lebt, darin wird für die Außenstehenden sichtbar, ob sie für Christus Zeugnis ablegt oder aber Christus nur verdunkelt. Für Matthäus ist es vor allem die Feindesliebe und die neue Gerechtigkeit, an denen die Welt ablesen kann, dass durch Jesus Christus etwas Neues in diese Welt gekommen ist, das die ganze Welt verwandelt und sie zu heilen vermag. Aber er leidet auch daran, dass die Christen oft genug diesem Anspruch nicht entsprechen. Daher muss er sie immer wieder mahnen, sich auf die Weisungen Jesu einzulassen und sie in der Tat zu befolgen. Die frühe Kirche sah in diesem neuen Verhalten, das die Christen an den Tag legten, einen Beweis für das Einzigartige, das durch Jesus in die Welt gekommen ist. Daher war das Matthäusevangelium am weitesten verbreitet. In der Reformationszeit trat es zurück und Paulus trat nun in den Vordergrund, der die Rechtfertigung allein aus dem Glauben verkündet. Es war eine andere Zeit. Nun ging es nicht mehr um das Zeugnis der Christen in einer heidnischen Umwelt, sondern um den Kern des Christentums. Dieser besteht in der Erfahrung der ungeschuldeten Gnade, die uns in Jesus Christus begegnet ist.

Matthäus versteht sich nicht als Vertreter einer neuen Gesetzlichkeit. Für ihn ist die Verkündigung der ethischen Botschaft Jesu eine Lebenshilfe für die christliche Gemeinde, denn »in einer Welt, in der alle sittlichen Maßstäbe ins Wanken gekommen sind« (Grundmann 36), ist es für die Gemeinde überlebensnotwendig, dass sie eine klare Weisung für ihr Verhalten erhält. Das Gesetz, das Jesus authentisch auslegt, ist für Matthäus nicht etwas, das den Menschen überfordert und der Sünde überführt, wie es Paulus erfahren hat. Für ihn ist die richtige Auslegung des Gesetzes vielmehr eine »Hilfe Gottes für die Gemeinde, um seinen Willen zu erkennen und ihn zu tun«. (Grundmann, 38) Matthäus übernimmt dabei die Theologie des Alten Testaments, für die das Gesetz eine Wohltat Gottes ist. Es ist Segen für die Menschen, und vermittelt ihnen wahres Leben. Aber das Gesetz Gottes – so meint Matthäus – ist von manchen jüdischen Lehrern falsch ausgelegt worden. Daher braucht es die authentische Auslegung der Tora durch Jesus, um den wahren Willen Gottes für uns Menschen erkennbar zu machen, den Willen, der das Heil und das Leben des Menschen will. Jesus legt keinen Wert auf die Ritual- und Kultgesetze. Ihnen steht er eher kritisch gegenüber. Von Jesus wird nicht berichtet, dass er am Tempelkult teilgenommen hat, doch er geht offensichtlich regelmäßig in den Synagogengottesdienst.

Jesus konzentriert das gesamte Gesetz auf das Doppelgebot der Gottes- und Nächstenliebe und verschärft die Nächstenliebe zur Feindesliebe. Das ganze Ziel des Gesetzes besteht darin, dass der Mensch fähig wird zu lieben, »da nur der liebende Mensch in vollkommener Weise am Leben teilhat«. (Limbeck, 276) An der Liebe wird der Mensch im Endgericht gemessen, und an der Liebe wird deutlich, ob die Christen dem Anspruch Jesu folgen oder nicht. Doch Jesus ist nicht nur der neue Gesetzgeber, sondern zugleich der Helfer und Retter derer, die ihm nachfolgen. Er steht ihnen bei. Er sagt ihnen seine heilende und helfende Nähe zu, alle Tage bis zur Vollendung der Welt.

Schon im Lukasevangelium haben wir die ethische Dimension der Botschaft Jesu kennen gelernt. Doch Lukas und Matthäus setzen die Akzente in ihrer ethischen Auslegung der Worte Jesu anders. Lukas, der aus dem mittelständischen Milieu einer griechischen Stadtgemeinde kommt, ist vor allem am Teilen des Besitzes interessiert. Für ihn ist die größte Verfälschung der christlichen Botschaft, wenn Christen sich an ihren Besitz klammern. Die Armut ist da die notwendige Antwort.

Matthäus sieht die Hauptgefährdung des Menschen im Streit und im Riss, der durch die menschliche Gesellschaft geht. Dieser Riss wird durch Hass und Gegenhass immer tiefer und spaltet letztlich die Welt. Daher ist die wichtigste ethische Forderung die Bereitschaft zur Vergebung und Versöhnung, das wichtigste Gebot das der Liebe, das auch die Liebe zu den Feinden mit einschließt. Statt mit Gewalt auf Konflikte zu reagieren, rät der Jesus des Matthäusevangeliums zu Gewaltlosigkeit und Liebe. Er gibt in seiner Passion selbst ein Beispiel dafür, dass sein Verzicht auf Gewalt und Macht die Welt im Tiefsten verwandelt und heilt.

In der Geschichte des Christentums ist das Matthäusevangelium oft gesetzlich ausgelegt worden. Man argumentierte, die Gebote, wie Jesus sie in der Bergpredigt auslegt, überforderten den Christen. Matthäus warnt selbst in seiner Kritik an den Pharisäern vor solch gesetzlicher Auslegung seines Evangeliums. Die konkrete Weisung, die er im Geist Jesu verkündet, ist für ihn Ausdruck einer spirituellen Erfahrung, der Erfahrung, dass wir durch Jesus Söhne und Töchter Gottes geworden sind. Wer in der Tiefe seines Herzens erkannt hat, was es heißt, in und aus Gott zu sein, der wird sich anders verhalten. Die konkreten Weisungen Jesu sind für ihn Ausdruck der geistlichen Erfahrung, aber zugleich immer wieder ein Test, ob seine Erfahrung stimmt oder ob er Gott nur für sich selbst vereinnahmt hat. Die religiöse und die ethische Dimension gehören für Matthäus zusammen.

Diese innere Verbindung tut auch uns heute gut. Mystik ohne Askese macht krank, genauso wie Askese ohne Mystik den Menschen innerlich zerreißt. Matthäus zeigt uns Jesus als den Heiland, der unsere Wunden heilt. Bei Matthäus sind es oft zwei Blinde und zwei Besessene, die Jesus heilt. Mit der Erweiterung auf zwei Kranke zeigt Matthäus, dass mit einem von beiden immer wir selbst gemeint sind. Matthäus verzichtet darauf, das Wunder der Heilung so ausführlich zu beschreiben wie Markus. Ihm geht es allein um die heilende Begegnung mit Jesus. Ich begegne dem heilenden Jesus, wenn er in der Bergpredigt den Willen Gottes authentisch auslegt, wenn er mir das Wort der Heilung zuspricht und mich mit seinen heilenden Händen berührt. Der Jesus, der von mir ein neues Verhalten fordert, ist zugleich der Jesus, der meine Leiden auf sich genommen und meine Krankheiten getragen hat. (Vgl. 8,17)

Das Matthäusevangelium als Botschaft
für uns heute

Was kann uns Matthäus heute sagen? Einmal zeigt es für mich das Ringen um die Kirche. Die Kirche hat ihren guten Ruf weithin verloren. In der Presse interessiert man sich meistens nur für die negativen Nachrichten aus dem kirchlichen Bereich. Die Kirche darf nicht nur um sich selbst kreisen, sondern sie ist Sauerteig für diese Welt, Salz der Erde und Licht der Welt. Sie hat eine Sendung für die ganze Welt und darf sich ihrer Verantwortung für diese nicht entziehen. Gerade heute, da Hass nur Gegenhass erzeugt, da die Gewalt oft genug religiös begründet wird, zeigt uns das Matthäusevangelium einen Weg, wie die Feindschaft durch Liebe überwunden und die Gewalt durch Gewaltlosigkeit besiegt werden kann. Wenn die Kirche die Weisung des Matthäus befolgt und ein neues Miteinander im Sinne Jesu einübt, dann wird sie für diese Welt ein Hoffnungszeichen, dass Frieden möglich ist. Wie die Kirche das Miteinander lebt, ist nicht nur etwas Äußerliches: Darin drückt sich die Kraft ihres Glaubens an Jesus Christus aus. Er will auch heute durch die Kirche wirken. Das war die Botschaft der frühen Kirche. Jesus hat an einem konkreten Ort in Palästina gelebt. Er will auch heute an konkreten Orten erfahren werden. Die Kirche – so hat es Matthäus geahnt und nach ihm viele Kirchenväter – soll nach dem Willen Jesu der Ort sein, an dem er durch die Zeiten hinweg in dieser Welt erfahrbar sein möchte. Durch die ihm nachfolgenden Christen will Jesus diese Welt verwandeln und heilen.

Ein zweiter Aspekt, der mir am Matthäusevangelium hochaktuell erscheint, ist die ethische Dimension seiner Botschaft. Obwohl der Begriff »Spiritualität« heute zunehmend an Bedeutung gewinnt und ein regelrechter »Boom« dieser Geisteshaltung erkennbar wird, trägt sie sehr oft narzisstische Züge. Man kreist nur um sich und seine spirituellen Erfahrungen, das eigene Verhalten jedoch ändert sich nicht. Frank Visser, der niederländische Übersetzer von Ken Wilbers Büchern, findet es sehr beunruhigend, »wie regressiv in Amerika weitgehend Spiritualität aufgefasst wird«. (Wilber, 15) Es geht nur um Gefühle und nochmals Gefühle. Ken Wilber gibt ihm Recht. »Vieles von dem, was man in Amerika eine »spirituelle Renaissance« nennt, ist in Wirklichkeit eine Rutschbahn ins Prärationale – narzisstisch, egozentrisch, selbstverherrlichend.« (Ebd. 16) Dagegen setzt Matthäus auf eine Spiritualität, die sich in konkretem Verhalten ausdrückt, die durch ihr Verhalten diese Welt mitgestaltet und sie wie Sauerteig durchdringt und verwandelt. Spiritualität erweist sich erst dann als echt, wenn sie zu einem neuen Miteinander befähigt. In spirituellen Zentren, in denen man nur über Spiritualität spricht, sind die Beziehungen oft chaotisch. Weil alles als spirituell begreifbar verstanden wird, übergeht man die emotionalen Verstrickungen und gerät gerade so immer tiefer in sie hinein. Matthäus hat ein eigenes Kapitel über das Miteinander in der Gemeinde geschrieben (Kapitel 18), damit sie sich nicht in enthusiastischen Gefühlen verirrt, wie das am Ende des 1. Jahrhunderts in manchen christlichen Kreisen der Fall war und mit heutigen Entwicklungen zu vergleichen ist.

Der dritte Aspekt, der mich am Matthäusevangelium fasziniert, ist die Betonung der Barmherzigkeit. »Barmherzigkeit will ich, nicht Opfer.« Dieses Wort aus dem Propheten Hosea (Hos 6,6) zitiert Matthäus gleich zweimal: in 9,13 und 12,7. In 9,13 heißt es wörtlich: »Geht und lernt, was es heißt: Erbarmen will ich und nicht Opfer.« »Geht und lernt«, das ist eine rabbinische Schulformel. Matthäus will damit sagen: »Geht in die Schule Jesu. Das Wichtigste, was ihr darin lernt, ist die Barmherzigkeit. Gott ist barmherzig. Er will nicht dein Opfer, dass du dich selbst klein machst, dass du dich selbst zerstörst. Er will, dass du aus Dankbarkeit für die Barmherzigkeit, die du von Gott erfährst, zu dir und zu den Menschen barmherzig bist. Bei aller Herausforderung durch das Gesetz, das Jesus auf das mitmenschliche Verhalten hin verschärft hat, soll sich der Christ immer der Barmherzigkeit Gottes sicher sein, auf die er sich verlassen kann. Nicht der fanatische Christ, der überall die Einhaltung der Gebote fordert, sondern der barmherzige entspricht dem Willen Jesu.

Auslegung

Die Vorgeschichte (1–2)

Matthäus erzählt nicht wie Lukas die Kindheitsgeschichte Jesu, sondern setzt zu Beginn dessen Stammbaum. Matthäus beginnt ihn mit den Worten: »Biblos geneseos Jesou Christou.« Es heißt eigentlich: »Das Buch von der Entstehung Jesu.« Matthäus bezieht sich dabei auf Gen 2,4: »Das ist die Entstehungsgeschichte von Himmel und Erde.« Der Evangelist will mit diesen Worten das Geheimnis Jesu ausdrücken. Er will beschreiben, wie es zu Jesus gekommen ist, und welche Bedeutung dieser hat. Die Geschichte Israels begann mit der Verheißung an Abraham: »Durch dich sollen alle Geschlechter der Erde Segen erlangen.« (Gen 12,3) In Jesus erfüllt sich diese Geschichte, und Gott schafft in ihm zugleich einen neuen Anfang. So wie Gott im Anfang Himmel und Erde erschuf, so schuf er in Jesus den Menschen, der Sinn und Ziel der Schöpfung ist. Jesus erfüllt, was Abraham verheißen war: Er wird zum Segen für alle künftigen Geschlechter.

Seit jeher haben die Exegeten gerätselt, was die vier Frauen bedeuten, die im Stammbaum extra erwähnt werden. Es sind Tamar, Rahab, Ruth und Batseba, die Frau des Urija. Tamar war die Schwiegertochter Judas. Da sie sich von Juda ungerecht behandelt fühlte, begegnet sie ihm als Dirne, um von ihm schwanger zu werden. Rahab war die Dirne, die den Israeliten die Eroberung Jerichos ermöglicht hat. In der alten Exegese wurden die vier Frauen als Sünderinnen gesehen. Doch das entspricht nicht der Absicht des Evangelisten, sondern eher den Vorurteilen der Exegeten. Alle vier Frauen sind Ausländerinnen. Matthäus zeigt somit mit dem Stammbaum schon zu Beginn seines Evangeliums, dass Jesus die gesamte Menschheit angenommen und auch den Heiden das Heil angeboten hat. Die vier Frauen verweisen auf Maria, die fünfte Frau. Sie passt genauso wenig in den Stammbaum wie die vier übrigen Frauen, denn der Stammbaum zielt ja auf Joseph und nicht auf Maria. Aber von ihr wird gesagt, dass aus ihr Jesus geboren wurde, »der der Christus genannt wird«. (1,16) Maria ist die fünfte Frau. In ihr kommt zur Vollendung, was in den anderen vier Frauen angedeutet wurde. In den Frauen durchbricht Gott den Stammbaum. Es kommt eine Unregelmäßigkeit in die planmäßige Abfolge. Hier zeigt sich Gottes überraschendes Wirken, das sich nicht nach menschlichen Maßstäben richtet, und es wird deutlich, dass Christus die Geschichte mit allen Höhen und Tiefen, mit allen Wegen und Umwegen angenommen und erlöst hat. In Maria gipfelt Gottes überraschendes Handeln: Mitten in der Geschichte von Heil und Unheil setzt er einen neuen Anfang. Das könnte man auch symbolisch deuten: Maria ist die fünfte Frau. Den fünf Büchern Mose stehen die fünf Frauen gegenüber. Fünf ist die Zahl der Venus, der Liebesgöttin. Die Liebe vollendet das Gesetz. Vier Schritte führen in der Entwicklung von der Mineralwelt über die Pflanzenwelt und Tierwelt zum Menschen. Der fünfte Schritt ist der Überschritt zum Göttlichen. In Maria überschreitet die Menschheit sich selbst und mündet in Gott, indem Gott selbst in ihr Mensch wird.

Matthäus hat den Stammbaum kunstvoll aufgebaut: dreimal vierzehn Generationen. Beides sind symbolische Zahlen. Drei ist die Zahl der Vollkommenheit. Vierzehn ist die Zahl der Heilung und Verwandlung. Vierzehn helfende Götter gibt es in Babylon. Jesus hat die Menschheit durch seine Geburt aus ihrer Zerrissenheit befreit und sie miteinander verbunden. Durch seinen Eintritt in diese Welt hat er die menschliche Geschichte geheilt, die oft genug eine Unheilsgeschichte war. Die drei Vierzehnergruppen markieren den Höhepunkt der Heilsgeschichte in David, den Tiefpunkt im Exil und schließlich die Erfüllung in der Ankunft Jesu Christi. Alle Höhen und Tiefen der Geschichte Israels werden durch Jesus Christus durchschritten und verwandelt.

Dem Stammbaum lässt Matthäus fünf Geschichten folgen, die die Umstände der Geburt Jesu und das Geschick des neugeborenen Kindes erzählen. Hier erscheint wieder die Fünf als Gliederungsprinzip. Die Fünf bezieht sich auf die Vollendung des Menschen. In Jesus wird der Mensch, der durch die Sünde sich selbst entfremdet wurde, wieder ganz und heil. Matthäus erzählt die Geburt Jesu auf dem Hintergrund biblischer Vorbilder: Jesus ist der zweite Mose. Er erfüllt das Wort, das Mose zu Israel gesagt hatte: »Einen Propheten wie mich wird dir der Herr, dein Gott, aus deiner Mitte, unter deinen Brüdern, erstehen lassen.« (Dtn 18,15) Matthäus will nicht nur Geschichte erzählen, sondern er deutet die Geschichte, indem er die Geburt und die ersten Jahre Jesu auf dem Hintergrund der Mosegeschichte beschreibt.

Die Parallele zu den jüdischen Erzählungen von der Geburt des Mose, wie sie zur Zeit des Matthäus in Israel weit verbreitet waren, beginnt mit der Sorge, die sich Josef um seine Verlobte Maria macht, als er erkennt, dass sie schwanger ist. (Vgl. Limbeck, 33) Auf die außereheliche Schwangerschaft stand der Tod durch Steinigung. Josef ist ein gerechter Mann, doch er folgt nicht blind dem Gesetz. Er verbindet seine Gerechtigkeit mit Barmherzigkeit. Das ist für Matthäus ein wichtiges Motiv. Wenn Josef nur auf die Erfüllung des Gesetzes ausgewesen wäre, hätte er Maria zur Steinigung führen müssen. Doch er will nicht dem Gesetz, sondern dem Menschen gerecht werden. Er ist Vertreter einer pharisäischen Haltung, die Gerechtigkeit mit Barmherzigkeit koppelt. So will er Maria durch einen Scheidebrief aus dem Verlöbnis entlassen und dadurch sowohl dem Gesetz als auch seiner Verlobten gerecht werden. Doch mitten in diesen menschlichen Überlegungen tritt Joseph im Traum ein Engel entgegen. Dieser deutet ihm, was geschehen ist, und was sein Verstand nicht zu verstehen vermag: Das Kind, das seine Verlobte erwartet, ist vom Heiligen Geist. Joseph erscheint in diesem Traum wie ein Freund Gottes, den der Engel einweist in dessen geheimnisvolle Pläne mit seinem Volk. Das Kind, das Maria gebären wird, wird für das ganze Volk von Bedeutung sein. Joseph wird aufgefordert, Maria zu sich zu nehmen, damit ihr Kind, jüdischem Recht entsprechend, sein Sohn wird.

Und dann erklärt der Engel das Geheimnis des Kindes: Es entspringt dem göttlichen Schaffen, dem Wirken des Heiligen Geistes. Doch rechtlich wird Joseph als sein Vater eingesetzt und soll ihm daher den Namen geben. Matthäus deutet diesen mit: »Denn er wird sein Volk von seinen Sünden erlösen.« (1,21) Das Volk meint hier nicht nur Israel, sondern die ganze Menschheit, also auch die Heiden. Jesus schafft sich als der Sohn Davids ein neues Volk, und wird es aus den Banden der Sünde befreien. Hier klingt von vornherein ein wichtiges Motiv des Matthäusevangeliums an: Jesus verkündet nicht nur die Vergebung, sondern er spricht die Vergebung der Sünden den Menschen vollmachtig zu. Er erlöst die Menschen von ihren Sünden, in die sie sich verstrickt haben, die sie von der Gemeinschaft mit Gott getrennt haben.

In Jesus wird die messianische Verheißung erfüllt: »Seht die Jungfrau wird ein Kind empfangen, einen Sohn wird sie gebären, und man wird ihm den Namen Immanuel geben, das heißt übersetzt: Gott ist mit uns.« (1,23)

Gott schafft in der Geburt Jesu einen neuen Anfang für alle Menschen. Er lässt Wirklichkeit werden, was er dem Volk Israel immer wieder durch die Propheten verheißen hat: dass er Jerusalem neu errichten wird, dass das Alte vergangen und Neues geworden ist. In Jesus wird Gott selbst bei uns und mit uns sein. Gott wird nicht nur im irdischen Jesus bei seinem Volk sein, sondern auch im erhöhten Jesus, und zwar alle Tage bis an das Ende der Welt. So wird mit der Geburt ein Heilsgeschehen in Gang gesetzt, das bis zur Vollendung der Zeit weiter wirkt. In Jesus hat Gott seine Zusage gegeben, immer und ewig bei und mit uns sein zu wollen. In der Beschreibung der Geburt Jesu zeigt Matthäus seine Kunst, den Anfang mit dem Ende zu verbinden. Was in der Geburt begonnen hat, wird in der Abschiedsrede des auferstandenen Christus bestätigt: »Ich bin bei euch alle Tage bis zum Ende der Welt.« (28,20)

Dieser sorgfältige Aufbau des Matthäusevangeliums zeigt sich auch in der Geschichte von der Huldigung der Sterndeuter. Die Sterndeuter fallen vor dem göttlichen Kind nieder, wie am Ende des Evangeliums die Jünger vor dem Auferstandenen niederfallen, um ihm zu huldigen (proskynein – ein Wort, das Matthäus allein der Huldigung vor Jesus vorbehält).

Seit jeher haben die Menschen die Geschichte von den Magiern aus dem Orient geliebt. Die Magier sind ursprünglich persische Priester, aber auch Sterndeuter, Astrologen, Weise, die ein übernatürliches Wissen besitzen. Sie haben einen Stern gesehen. Die Astronomen wissen um ein Zusammenrücken von Jupiter und Saturn im Sternbild der Fische, das im Jahre 7 v. Chr. stattfand. Da der Jupiter der Königsstern und Saturn der Stern Palästinas war, konnten die babylonischen Sterndeuter darin durchaus erkennen, dass in Israel ein Königssohn geboren wurde. Sie kommen mit der Frage nach Jerusalem:

»Wo ist der neugeborene König der Juden?« (2,2) Sie bezeichnen Jesus mit den gleichen Worten, die am Ende den Gekreuzigten ausweisen werden. So blitzt hier wieder die Gestaltungskraft des Matthäus auf. Die Weisen der Welt erkennen in Jesus den König der Juden und beten ihn an. Sein eigenes Volk wird Jesus den Römern gerade deswegen ausliefern, weil er ihr König ist.

Die Magier treffen auf den amtierenden König der Juden, einen grausamen Tyrannen, der seine eigenen Söhne wegen des Verdachts auf Verrat hinrichten ließ. Jerusalem hofft auf den neugeborenen König. Der mächtige König Herodes hat Angst vor einem Kind. Er erschrickt. Diese Motive haben nicht nur die Legende, sondern auch Johann Sebastian Bach in seinem Weihnachtsoratorium aufgegriffen. Bach lässt den Sopran singen: »Nur ein Wink von seinen Händen stürzt ohnmächt'ger Menschen Macht. Hier wird alle Kraft verlacht!« Die Legende hat sich vor allem um die Personen der Magier gerankt und ihre Lebensgeschichte ausgemalt, und sie hat den Weg als Bild für unseren Pilgerweg gedeutet. Wie die Magier folgen wir dem Stern unserer Sehnsucht, der am Horizont unseres Herzens aufgeht. Er führt uns oft verschlungene Wege, bis wir an das Ziel kommen, zu dem Haus, in dem die Mutter mit dem Kind ist, zu dem Haus, in dem wir wahrhaft zu Hause sein können. Die Magier werden in der Legende zu drei Königen, einem jungen, einem alten und einem dunkelhäutigen. Alle Bereiche des Menschen müssen sich auf den Weg machen, um in der Krippe das Kind zu finden und es anzubeten. Wenn die Könige das Kind anbeten, sind sie am Ziel ihrer Pilgerschaft, da sind sie wahrhaft daheim, weil sie vor dem Geheimnis niederfallen.

Die Magier öffnen ihre Schatzbehälter und bringen dem neugeborenen König Gold, Weihrauch und Myrrhe. Gold und Weihrauch entsprechen den Gaben, die Jesaja in 60,6 aufzählt. Alle drei Gaben werden auch als Weihegeschenke dem Sonnengott dargebracht. In Jesus Christus ist die wahre Sonne aufgegangen, die diese Welt erhellt. Die Kirchenväter haben die drei Gaben der Magier symbolisch ausgelegt: Gold gilt dem Kind in der Krippe als dem wahren König, Weihrauch seiner Gottheit, und Myrrhe weist hin auf seinen Tod am Kreuz. Oder aber die Gaben sind Bilder der Gaben, die wir Jesus darbringen sollen. Gold verweist dann auf unsere Liebe, Weihrauch auf unsere Sehnsucht und Myrrhe auf unsere Schmerzen, auf die Wunden, die wir mit uns tragen. Wir brauchen keine Leistung zu erbringen, sondern sollen an die Krippe bringen, was wir immer bei uns haben: unsere Liebe, unsere Sehnsucht und unsere Wunden. Myrrhe ist aber nicht nur ein Bild für die Schmerzen. Als Heilkraut steht es auch für die Heilung unserer Wunden. Indem wir unsere Wirklichkeit dem göttlichen Kind in der Krippe hinhalten, heilen wir unsere Verletzungen, und unsere Sehnsucht kommt an ihr Ziel. Wir bringen nicht nur Liebe, sondern erfahren in dem Kind die menschgewordene Liebe Gottes. Sie lässt uns mitten in der Fremde dieser Welt zu Hause sein. Sie schenkt uns Unbehausten Heimat.

Die Flucht nach Ägypten und der Kindermord, den Herodes angezettelt hat, zeigen, dass Matthäus die Geburt Jesu in Parallele zur Geburt des Mose erzählt. Mose wurde auch vor den Nachstellungen des Pharao gerettet, der die Tötung aller männlichen Kinder der Hebräer befohlen hatte, weil er aufgrund einer Ankündigung seiner Astrologen Angst vor der Geburt eines Befreiers für Israel bekam. Wie Mose muss Jesus in die Fremde fliehen, bis Gott ihn zurückholt. Ägypten war der Zufluchtsort für die Israeliten. Ägypten galt auch als Land der Zauberei. Manche jüdischen Schriften werfen Jesus vor, er habe in Ägypten die Zauberei gelernt. Andere deuten es so, dass Jesus auch die Weisheit Ägyptens in sich aufgenommen und sie mit der jüdischen Tradition verbunden habe. Jesus wird nicht in eine heile Welt hinein geboren. Um ihn herum ist Mord und Gewalttat, Intrigen der Herrschenden, Vertreibung und Elend. Jesus muss ins Ausland fliehen und dort als Asylant leben. Das hat heute neue Aktualität. Jesus ist in eine Situation hinein geboren worden, die der unseren gleicht. Er hat das Menschsein in allen Höhen und Tiefen erlebt. Er hat alles angenommen, und so konnte er alles erlösen.

Die Vorgeschichte Jesu schließt mit der Bemerkung, dass Joseph sich auf Befehl des Engels hin in Nazareth niederließ. Nazareth war ein unbedeutender Ort in Galiläa. Dieses wiederum war das Mischland, in dem Juden und Heiden gemeinsam wohnten. So zeigt schon der Aufenthaltsort Jesu, dass er sich für beide gesandt weiß. Matthäus deutet nun den Namen Jesu: »Er wird Nazoräer genannt werden.« (2,23) Die Exegeten sind sich nicht einig, ob das nur die Herkunft aus Nazareth meint oder ob darin eine tiefere Bedeutung liegt. Am nächsten liegt die Deutung, dass Nazoräer auf den »jungen Trieb« (hebr. Nezer) hinweist, von dem Jesaja in 11,1 verkündet hat: »Aus dem Baumstumpf Isais wächst ein Reis hervor, ein junger Trieb aus seinen Wurzeln bringt Frucht.« Israel gleicht dem abgehauenen Baumstumpf. Es ist auf seinem Weg mit Gott gescheitert, doch Gott setzt gerade dort, wo die Menschen am Ende sind, einen neuen Anfang. Er lässt in Jesus einen jungen Trieb hervorblühen, der die ganze Menschheit verjüngt und erneuert. Für Matthäus bedeutet Nazoräer, dass Jesus der wahre Messias ist. Und mit diesem Namen begründet er, warum der Messias, entgegen den jüdischen Erwartungen, aus Nazareth kommt: Nicht nur Jesus wurde Nazoräer genannt, sondern auch die Christen, die Jesus als Messias bekannt haben.

Die Versuchung Jesu (4,1–11)

Matthäus erweitert die kurze Erwähnung der Versuchung Jesu bei Markus zu einer auch für uns Christen typischen Versuchungsgeschichte. Jesus erweist sich in den Versuchungen wahrhaft als Sohn Gottes. Er ist dem Vater gehorsam und lässt sich vom Satan nicht dazu verlocken, seine Sohnschaft für eigene Zwecke zu missbrauchen. Matthäus zeigt, wie Jesus ganz Mensch geworden ist, in allem versucht wie wir. Der Geist selbst führt Jesus in die Wüste, in den Herrschaftsbereich der Dämonen. Jesus stellt sich bewusst der Einsamkeit. Indem er seinen Aufenthalt in der Wüste mit Fasten verbindet, steigert er die Begegnung mit dem Unbewussten, mit den Dämonen und den Anfechtungen, die in der Schutzlosigkeit des einsamen Fastens in uns aufsteigen. Der Versucher ist der Teufel, der diabolos, der alles durcheinander bringt. Der Teufel ist für Matthäus einer, der das menschliche Denken verwirrt. Er bringt in die frommen Worte zerstörerische und egozentrische Motive. Er vermischt das Gute mit dem Bösen. Das zeigt er dadurch, dass er Worte der Bibel benutzt, aber in einem Sinn, der mit der Heiligen Schrift nichts mehr zu tun hat. Er mischt in die Worte der Bibel seine teuflischen Absichten.

Die erste Versuchung besteht darin, alles für sich zu gebrauchen, alles zu konsumieren. Diese Versuchung bedeutet heute weniger, möglichst aus allem eine essbare Speise zu machen. Vielmehr ist die gefährlichste Versuchung, dass wir alles konsumieren, dass wir auch das Heilige für uns gebrauchen. Alles muss uns etwas bringen, selbst der Glaube, selbst das Gebet. Alles wird an seiner Nützlichkeit gemessen, alles dient uns und der Befriedigung unserer Bedürfnisse. Wir haben verlernt, das Heilige heilig sein zu lassen, unantastbar, unserem Zugriff entzogen. Jesus soll seine Sohnschaft dazu missbrau-

chen, alle seine Bedürfnisse zu befriedigen. Doch Sohn
Gottes sein ist mehr als die Befriedigung von Essen und
Trinken. Jesus verweist den Versucher auf das Wort der
Schrift, dass der Mensch von jedem Wort lebt, »das aus
Gottes Mund kommt«. (4,4) Der wahre Hunger des
Menschen ist geistig. Von Worten, die Gott spricht, kann
man leben. Worte können meine Seele wahrhaft nähren.

Die zweite Versuchung bezieht sich auf die Vereinnah-
mung Gottes. Gott soll dazu missbraucht werden, das
eigene Selbstwertgefühl zu steigern. Das Gefährliche an
dieser Versuchung ist der Missbrauch der biblischen
Worte. Der Teufel versucht Jesus mit dem Hinweis auf
das Psalmwort, dass Gott seinen Engeln befohlen habe,
ihn auf ihren Händen zu tragen. Man kann Gott missbrauchen, um bei den Menschen Anerkennung zu gewinnen. Dann geht es nicht um Gott, sondern nur um das eigene Ego. Wenn das Heilige missbraucht wird, dann wird
das Wertvollste des Menschen zerstört. Diese Gefahr ist
heute groß. Gott wird für den eigenen Kampf gegen die
Feinde eingesetzt. Er soll einem helfen, die Feinde zu besiegen. Gott wird herangezogen, um die eigene Rechtha-
berei zu begründen. Jesus ist dieser Versuchung nicht er-
legen. Er kontert mit einem anderen biblischen Wort:
»Du sollst den Herrn, deinen Gott, nicht auf die Probe
stellen.« (4,7) Wenn ich meinen spirituellen Weg dazu
nutze, vor den Menschen besondere Kunststücke zu voll-
bringen oder Fähigkeiten zu entwickeln, mit denen ich
mich über sie stelle, dann stelle ich – so meint es Jesus –
Gott auf die Probe. Ich missbrauche Gott für mich selbst,
für mein eigenes Ego. Vieles, was heute auf dem spirituellen Markt als Weg zu größerer Erfahrung verkauft wird,
stärkt nur das Ego, anstatt es für Gott aufzubrechen.

Die dritte Versuchung ist die zur Macht. Der Teufel
zeigt Jesus alle Reiche dieser Welt. Er könnte Herrscher
über alle Welt werden, wenn er nur vor dem Teufel nie-

derfällt und ihn anbetet. Diese Versuchung wurde in vielen Märchen als Teufelspakt beschrieben. Der Mensch steigert seine Macht, indem er sich dem Teufel verschreibt. Doch solches Verschreiben hat immer seinen Preis. Der Mensch verliert seine Freiheit, oft genug auch seine Liebe. Er wird kalt. Er stirbt in seiner Seele. Für Matthäus ist die Versuchung zur Macht die gefährlichste. Er wird Jesus in seinem Evangelium als den beschreiben, der auf alle Macht und Gewalt verzichtet, der gewaltlos auf die Gewalt der Menschen reagiert und gerade so seine Sohnschaft im Vertrauen auf den himmlischen Vater bewährt. Jesus wehrt die Versuchung zur Macht ab, indem er das Wort aus dem Buch Deuteronomium zitiert, mit dem Mose das Volk Israel ermahnt hat, dem wahren Gott zu dienen: »Vor dem Herrn, deinem Gott, sollst du dich niederwerfen und ihm allein dienen.« (4,10) Alle drei Schriftworte, mit denen Jesus dem Teufel antwortet, stammen aus dem Buch Deuteronomium. Damit zeigt Matthäus, dass Jesus die gleichen Versuchungen durchschritten hat, die das Volk Israel bei seinem Auszug aus Ägypten erlebt hat. Jesus erliegt der Versuchung nicht. So wird er zum Begründer des neuen Gottesvolkes, das ihm auf dem Weg der Bewährung folgt.

Auf den scharfen Befehl Jesu: »Weg mit dir, Satan!«, weicht der Satan zurück. Doch die Versuchung am Anfang des Wirkens Jesu ist noch nicht zu Ende. Matthäus zeigt das an zwei Stellen seines Evangeliums. Das »Weg mit dir, Satan!« wiederholt Jesus gegenüber Petrus, als dieser ihn davon abhalten möchte, den Weg des Leidens zu gehen. (16,23) Der Freund wird für Jesus zur Versuchung. Am Kreuz sind es die Feinde, die Jesus versuchen. Sie wiederholen die Einleitung der drei Versuchungen: »Wenn du Gottes Sohn bist« (4,3), indem sie Jesus verspotten und ihn auffordern: »Wenn du Gottes Sohn bist, hilf dir selbst, und steig herab vom Kreuz!« (27,40) Im

Kreuz gipfelt die Versuchung, und zugleich besteht sie Jesus dort endgültig. Als Jesus den Versuchungen in der Wüste widerstanden hatte, weicht der Satan, und Engel kommen und dienen ihm. Der Berg der Versuchung wird zum Berg des Paradieses. Dort, wo wir der Versuchung widerstehen, ist für uns Paradies. Da erfahren wir Gottes heilende und liebende Nähe, wie sie sich in den Engeln ausdrückt. Weil Jesus am Kreuz der letzten Versuchung nicht nachgibt, wird er in der Auferweckung von Gott in das Paradies versetzt, in die Herrlichkeit beim Vater.

Die Bergpredigt (5–7)

Die Bergpredigt ist die erste große Rede Jesu. Wohl an keinem Text haben sich die Ausleger so aufgerieben wie an ihr. Dabei wurde immer wieder die Frage behandelt, ob die Gebote, die Jesus dort verkündet, überhaupt eingehalten werden können. In unserer Zeit wurde darüber diskutiert, ob man mit der Bergpredigt Politik machen könne. Seit jeher hat man diese Rede Jesu als die entscheidende Botschaft des Neuen Testaments verstanden, und kein Christ kann an diesem Text vorbeigehen, ohne sich von Jesus fragen zu lassen, ob er bereit ist, sich auf diese Weisungen einzulassen.

Matthäus hat die erste und längste Rede aus Jesusworten sehr kunstvoll gestaltet und gegliedert. Genau in der Mitte der Bergpredigt steht das Vaterunser. Alle Forderungen der Bergpredigt sind um dieses zentrale Gebet gruppiert, das Jesus seinen Jüngern geschenkt hat. Ich möchte nicht die gesamte Bergpredigt auslegen, sondern sie verstehen als Einheit von Gebet und Tat. Was Matthäus in seiner Komposition zum Ausdruck bringt, hat für mich eine theologische Bedeutung. Die Forderungen Jesu sind nur erfüllbar als Antwort auf das Gebet und als

Ausdruck der Gebetserfahrung, dass unsere Existenz ihre Wurzel im Vertrauen von Söhnen und Töchtern ihrem himmlischen Vater gegenüber hat. Matthäus sieht Gebet und Arbeit, Beten und Handeln in einem. Darin wird seine Theologie der Gnade sichtbar. Das neue Tun, das den Christen auszeichnet, strömt aus der Erfahrung des Gebetes. Die Grundlage des Gebetes ist die Erfahrung, dass wir Söhne und Töchter Gottes sind, bedingungslos geliebt von Gott, unserem gemeinsamen Vater, von Gott als unserer wahren Mutter. Wer sich im Gebet als Sohn und Tochter des himmlischen Vaters erfährt, der wird seine Erfahrung in einem neuen Verhalten ausdrücken. Wenn das Gebet sich nicht im Tun äußert, bleibt es wirkungslos und wird zum narzisstischen Kreisen um sich selbst. Das Gebet, so wie Matthäus es verstanden hat, will uns zu einem neuen Tun verlocken, einem Tun, das für die ganze Welt heilsam ist und den Riss, der die Menschen voneinander trennt, überbrückt und ganz macht.

Das Vaterunser beginnt mit der vertraulichen Anrede »Vater«. Das griechische »pater« ist wohl eine Übersetzung der für Jesus typischen Anrede Gottes mit »Abba«, das »lieber Vater« bedeutet. Die Anrede Gottes als Vater war sowohl für Juden wie Griechen möglich. Und doch haben die Jünger wohl etwas von der vertrauten Weise gespürt, mit der Jesus seinen Vater zärtlich anredete. Wir Menschen dürfen uns diesem liebenden und barmherzigen Vater als seine Söhne und Töchter nähern und ihn vertrauensvoll bitten um das, was unsere Sehnsucht zutiefst erfüllt.

Die erste Bitte lautet: »Dein Name werde geheiligt.« Der Name Gottes umfasst sein Wesen und seine Heiligkeit. Gottes Name wird entweiht, wenn die Menschen Gott und seine Gebote missachten. In der Bitte »Dein Name werde geheiligt« wird Gott gebeten, selbst einzugreifen in diese Welt, in der nichts mehr von Gott sichtbar ist, dass er seine Heiligkeit und Herrlichkeit offenbaren möge. Die Herrlichkeit Gottes aber wird sichtbar im Menschen, wenn er Gottes Bild in sich entfaltet. So hat es schon Irenäus gesehen: »Gloria dei – homo vivens: Die Herrlichkeit Gottes ist der lebendige Mensch.« Luz versteht die Bitte als Selbstaufforderung an die Beter: »Lasst uns den Namen Gottes heiligen.« (Luz, 343) Vermutlich ist beides gemeint: Gott soll selbst seinen Namen heiligen, aber der Beter, der diese Bitte an Gott richtet, muss das Seine dazu tun, dass Gottes Name auch durch ihn selbst und durch die Art und Weise, wie er lebt, geheiligt wird.

Dieser Bitte entsprechen die acht Seligpreisungen. Sie beschreiben den neuen Menschen, der nach dem Bild Jesu gestaltet ist. In ihnen beschreibt Jesus, zu welcher Haltung der Mensch fähig ist, der sein Vertrauen auf Gott setzt und seine Sehnsucht auf ihn richtet. Es sind ethische Haltungen. Der Mensch muss sich um sie bemühen. Die Seligpreisungen zeigen, dass sich diese acht Haltungen und Verhaltensweisen lohnen, dass sie den Menschen jetzt schon glücklich machen. Jesus spricht nicht einfach den Armen das Glück zu, sondern denen, die bereit sind, alles loszulassen und sich an nichts zu hängen. Er preist nicht einfach die Hungernden selig, sondern die, die nach der Gerechtigkeit hungern. Wenn der Jünger Jesu sich um diese Haltungen müht und in sie hineinwächst, dann wird Gott darin verherrlicht. Zugleich wird der Christ dadurch glücklich, selig. Das griechische Wort »makarios« ist ursprünglich den Göttern vorbehalten. In den acht Haltungen der Seligpreisungen hat der Mensch teil an Gottes Herrlichkeit und Glück. Darin wird Gottes Name geheiligt, er wird sichtbar im Menschen, der auf neue Weise zu leben versteht.

Die acht Haltungen, in denen sich der Mensch als Sohn und Tochter Gottes und als Bruder und Schwester Jesu erweist, sind: die Armut im Geiste (eine geistige Haltung, in der ich alles loslasse und mein Vertrauen auf Gott setze), die Trauer (in der ich es aushalte, mich betreffen zu lassen von meiner eigenen Unzulänglichkeit und vom Zwiespalt zwischen dem barmherzigen Gott und meinem achtlosen Verhalten), die Gewaltlosigkeit (in der ich sanft umgehe mit mir und mit den Menschen), der Hunger nach Gerechtigkeit, die Barmherzigkeit, die Reinheit des Herzens (innere Lauterkeit), Frieden stiften und die Bereitschaft, um der Gerechtigkeit willen verfolgt zu werden. Es sind letztlich acht Tugenden, die der Mensch braucht, damit sein Leben taugt, damit es gelingt. Es sind andere Haltungen als sie in griechischen Tugendkatalogen aufgezählt werden. In diesen Haltungen wird die Gestalt Jesu und das wahre Bild des Jüngers Jesu sichtbar. Alle diese Haltungen werden von Gott belohnt. Das Bild des Lohnes dürfen wir nicht äußerlich verstehen. Die Tugenden tragen ihren Lohn vielmehr in sich. Wer ein reines Herz hat, der wird fähig, Gott zu schauen. Wer in seinem Herzen arm ist, dem gehört jetzt schon das Himmelreich. Er ist jetzt schon offen für Gott und erfährt in Gott die Erfüllung seiner Sehnsüchte.

»Dein Reich komme.« Diese Bitte bezieht sich auf die Worte der Bergpredigt, dass die Christen Salz der Erde und Licht der Welt sind. (5,13–16) Indem die Christen zum Salz der Erde werden, wird Gottes Reich auf Erden sichtbar. Das Salz hat eine vierfache Bedeutung: »Es bewahrt vor Fäulnis, würzt fade Speise, reinigt die Opfer ebenso wie das neugeborene Kind, und es hat schließlich seine Bedeutung für den Bund zwischen Gott und den Menschen und zwischen verschiedenen Menschengruppen.« (Grundmann, 137) Wenn sich die Christen vom Geist Jesu leiten lassen, dann haben sie eine wichtige Funktion für die ganze Welt. Sie bewahren die Menschen davor, innerlich zu verfaulen, zu verderben. Der Anspruch von Jesu Botschaft hält den Menschen lebendig, sodass er nicht verdirbt. Die Christen sind wie das Salz in der Suppe. Sie geben sich nicht zufrieden mit dem Sich-Anpassen an die äußeren Verhältnisse, und wer von Jesu Geist durchdrungen ist, hat eine reinigende Auswirkung auf seine Umgebung. Da klärt sich etwas um ihn. Er lässt sich nicht von den Emotionen der anderen trüben. Schließlich haben die Christen die Aufgabe, Verbindungen zu schaffen zwischen den verschiedenen Menschengruppen. In all diesen vier Auswirkungen des Christseins auf die Welt kommt das Reich Gottes bei den Menschen an.

Die Christen sind das Licht der Welt. Ihr Licht leuchtet in der Welt, wenn die Menschen ihre guten Werke sehen und daraufhin den Vater im Himmel preisen. In der kleinen und unbedeutenden Gemeinde soll Gottes Licht aufleuchten und die Welt erhellen. Auch darin kommt Gottes Reich zu den Menschen. Es kommt also durch uns. Das ist eine wesentliche Aussage, die Matthäus immer wieder verkündet. Er verbindet das Reich Gottes immer mit »dikaiosyne«, die nicht die Gerechtigkeit im Sinne des Paulus meint, sondern das richtige Tun des Menschen. Wenn der Mensch richtig handelt, wenn er Jesu Gebot erfüllt, dann kommt das Reich Gottes in diese Welt. Im Bild des Lichts meint Jesus nicht nur den Einzelnen, der für Gottes Licht durchlässig ist, sondern auch die christliche Gemeinschaft, die durch ihren Umgang miteinander, der von Vergebung und Versöhnung geprägt ist, ein Licht ist für die Welt. Wenn zwei oder drei miteinander Gottes Liebe verwirklichen, dann geht von ihnen etwas aus, das die ganze Welt verändert.

»Dein Wille geschehe, wie im Himmel, so auch auf Erden.« Diese Bitte wird erfüllt in den sechs Antithesen, in denen Jesus die neue Gerechtigkeit, die er von seinen Jüngern verlangt, ausführlich beschreibt. Sechsmal stellt Matthäus der Auslegung der alttestamentlichen Gebote durch jüdische Lehrer die Auslegung Jesu entgegen, die er mit göttlicher Autorität vorträgt. In dem neuen Verhalten, das Jesus von seinen Jüngern erwartet, drückt sich ihre Gerechtigkeit aus, die weit größer sein soll als die der Schriftgelehrten und Pharisäer. (5,20) In den Antithesen stellt Matthäus das Wort Jesu den Worten gegenüber, die den Alten, d.h. der Sinaigeneration gesagt worden sind. Er löst das Gesetz des Alten Testaments nicht ab, sondern erfüllt es. Jesu Worte sind die Tür, durch die wir eintreten müssen, um den Sinn des göttlichen Gebotes im Alten Testament zu verstehen. Die Mitte des Gebotes ist die Liebe. »Die Liebe ist die Erfüllung, nicht die Abschaffung von Gesetz und Propheten (5,17).« (Luz, 250) Jesus geht es weder um eine Verschärfung des Gesetzes noch um seine Aufhebung, sondern um das eigentliche Anliegen, das jedem Gebot zu Grunde liegt. Er zeigt uns einen Weg, nicht beim Buchstaben des Gesetzes stehen zu bleiben, sondern das ursprüngliche göttliche Anliegen darin zu erkennen. (Vgl. Limbeck, 85f)

Früher hat man die Antithesen der Bergpredigt häufig antijüdisch ausgelegt, doch das ist ein Vorurteil. Viele der Antithesen Jesu sind innerhalb der jüdischen Diskussion um das Verständnis des Gesetzes verständlich. Jesus zeichnet sich durch Radikalität aus, indem er zum einen die Liebe in das Zentrum aller Gebote stellt, zum andern die Gebote so auslegt, dass sie die ganze menschliche Person betreffen, vor allem sein Herz. Es ist nicht bloße Gesinnungsethik, die Jesus hier verkündet, sondern eine Ethik, die ein neues Verhalten verlangt, jedoch ein Verhalten, das aus einem Herzen kommt, das sich ganz und gar für Gott geöffnet hat. Jesus fängt bei den Gedanken und Gefühlen an. Wer sich nur äußerlich an das Gebot hält, in seinem Herzen aber von Zorn und Bitterkeit erfüllt ist, der ist nicht gerecht, der ist nicht von Gottes Liebe erfüllt. Daher kommt es zuerst darauf an, das Herz von Zorn und Groll zu reinigen. Das gelingt aber nur, wenn der Mensch Frieden schließt mit dem inneren Gegner. (5,21–26)

Bei der Auslegung der Antithesen ist es hilfreich, die Worte Jesu nicht nur auf der Objektstufe zu deuten, sondern auch auf der Subjektstufe. Wenn Jesus uns auffordert, mit unserem Gegner Frieden zu schließen, solange wir noch auf dem Weg sind, so meint das wohl auch, dass wir mit dem inneren Gegner ins Gespräch kommen und uns mit ihm aussöhnen. Sonst kann es sein, dass uns der innere Richter (das Über-Ich) in den Kerker unserer Selbstvorwürfe und in das Gefängnis unserer Zwänge und Ängste wirft. Wenn wir erst einmal in diesem inneren Gefängnis stecken, kommen wir nicht mehr so leicht heraus. Das sieht man bei vielen Skrupulanten, die immer wieder um ihre Schuld kreisen und keinen Weg finden, aus ihrem Kerker auszubrechen. (5,25–26) Wenn Jesus sagt, dass wir das rechte Auge ausreißen sollen, wenn es uns verführt, und die rechte Hand abhauen sollen, ruft er sicher nicht zur Selbstverstümmelung auf, denn die war für Juden verboten, und hier hat Jesus sicher jüdisch gedacht. Das rechte Auge ist das, was alles beurteilt und bewertet, das alles haben und durchdringen will, das alles bloßstellt und veröffentlicht. Die rechte Hand ist die, die alles in die Hand nimmt, die alles »machen« möchte, die glaubt, auch innerlich alles machen zu können, was sie will. Diese bewusste Seite muss zurückgeschnitten werden, damit die linke, die unbewusste Seite zu ihrem Recht findet. Das linke Auge ist das Auge, das noch zu staunen vermag, das schaut ohne zu bewerten, das eins wird mit dem Geschauten. Die linke Hand ist die Hand, die empfängt, die Beziehung schafft. Wer einseitig nur aus seiner bewussten Seite heraus lebt, der gerät schon jetzt in die Hölle seiner unbewussten Bedürfnisse und Kräfte, die ihn zerfleischen. Alle Worte Jesu sind Worte, die uns zum Leben einladen und uns davor bewahren möchten, einseitig oder selbstzerstörerisch zu leben.

Am meisten wurden die Worte Jesu über die Vergeltung und über die Feindesliebe diskutiert. Jesus rät nicht zur Passivität, sondern er zeigt Wege, wie wir das Böse kreativ besiegen können. Die vier Beispiele, die er in 5,38–42 aufzählt, sind keine Gebote, sondern Konkretisierungen einer Liebe, die das Böse überwindet. Wer sich von Gott bedingungslos geliebt weiß, der hat es nicht nötig, um sein Recht einen Prozess zu führen oder mit Gewalt gegen den Gewalttätigen zu reagieren. Er weiß sich von Gott geschützt. Auf die Backe zu schlagen ist bei den Juden weniger ein Zeichen von Gewalt als viel mehr von Entehrung. Wer sich von Gott geehrt weiß, braucht um seine Ehre nicht besorgt zu sein. Er kann selbst den Mantel weggeben, den er doch für die Nacht als wärmende Decke braucht. Und wer in Gottes Liebe ruht, wird den römischen Besatzungssoldaten, der ihn nach damaligem Recht zwingen konnte, eine Meile mit ihm zu gehen, dadurch zum Freund machen, dass er zwei Meilen mit ihm geht. Er wird die Feindschaft nicht annehmen, sondern im Andern den möglichen Freund sehen. Es sind Verhaltensweisen, die den ewigen Kreislauf von Gewalt und Gegengewalt, von Hass und Gegenhass, von Verletzung und Wiederverletzen durchbrechen und neue Möglichkeiten des Miteinanders schaffen.

Die Kirchenväter haben die Feindesliebe, die Jesus in der sechsten Antithese fordert, als das wahrhaft neue Kennzeichen der Christen gesehen und gepriesen. Auch die Heiden haben sich über dieses neue Gebot gewundert. Die Liebe zu allen Menschen, selbst zu den unfreundlichen und unsympathischen, findet sich ebenfalls im jüdischen und griechischen Denken. So sagt Marc Aurel: »Auch die zu lieben, die sich gegen uns vergangen haben, das ist uns als Menschen besonders aufgetragen.«

(Gnilka, 192) Die stoische Philosophie begründet die Feindesliebe mit der inneren Freiheit und der Verwandtschaft aller Menschen. Auch der Buddhismus kennt die Feindesliebe. (Gnilka, 191) Es geht also nicht darum, das christliche Gebot der Feindesliebe dazu zu missbrauchen, sich über andere Religionen zu stellen. Vielmehr geht es darum, die spezifische Begründung der Feindesliebe bei Jesus anzuschauen und zu verstehen: »Ich aber sage euch: Liebt eure Feinde und betet für die, die euch verfolgen, damit ihr Söhne eures Vaters im Himmel werdet.« (5,44f) Jesus zeigt, dass eine Weise der Feindesliebe das Gebet für den Feind ist. Im Gebet halte ich den Feind Gott hin und überlasse ihn Gott. Er soll an ihm wirken, was ihm und seiner Seele gut tut. Wer den Feind liebt, der bringt damit zum Ausdruck, dass er Sohn und Tochter Gottes ist. Die Feindesliebe ist also Kennzeichen der Kindschaft Gottes. Mit der Feindesliebe ahmen wir Gottes Verhalten nach, der seine Sonne über Guten und Bösen aufgehen und es über Gerechte und Ungerechte regnen lässt. (5,45) Zugleich wachsen wir durch das Praktizieren der Feindesliebe in eine neue Nähe zu Gott hinein. Indem wir anders mit dem Feind umgehen, erfahren wir Gott auf neue Weise. Das neue Verhalten ist für Matthäus nie nur Ausdruck des neuen Seins, sondern zugleich der konkrete Übungsweg in die Erfahrung des neuen Seins hinein, in die Erfahrung des barmherzigen Gottes, dessen Söhne und Töchter wir sind.

C.G. Jung hat Jesu Aufforderung zur Feindesliebe so gedeutet, dass wir zuerst den Feind in uns selbst lieben müssen. Erst dann werden wir fähig, auch den Feind außerhalb von uns zu lieben, denn dann werden wir im Feind, der uns Böses will, einen Bruder und eine Schwester sehen, die genauso von zerstörerischen Antrieben beherrscht ist wie wir selbst. Wir entdecken in ihnen das Böse, das wir auch in uns erkannt haben. Feindschaft entsteht oft durch Projektion. Der andere projiziert das, was er bei sich selbst nicht annehmen kann, auf mich. Wer sich selbst kennt und annimmt, der nimmt die Projektion wahr, ohne sich von ihr bestimmen zu lassen. Er wird nicht zum Feind dessen, der seine feindlichen Seiten auf ihn wirft. Er sieht im anderen den, der sich danach sehnt, mit sich und seinem Leben in Frieden zu sein. Die Feindesliebe bedeutet nicht, dass man dem Feind nicht Grenzen setzen darf. Es tut dem Menschen nicht gut, seine zerstörerischen Tendenzen unbeschränkt auszuleben. Er braucht die Grenze, die andere ihm setzen, aber zugleich braucht er die Liebe, die das Feindliche in ihm zu heilen vermag.

Wer den Feind liebt, der hat teil an der Vollkommenheit Gottes. Das griechische Wort »teleios« heißt nicht nur vollkommen, sondern ungeteilt, ungebrochen, ganz, vollständig. Gott ist vollkommen, weil er sich dem Menschen in ungeteilter Liebe zuwendet. Wenn der Mensch sich auf »das vollkommene Gesetz der Freiheit« (wie Jakobus das Gesetz Jesu nennt, Jak 1,25) einlässt, dann bekommt er Anteil an Gott, der in sich ganz und vollkommen ist. Auch hier müssen wir die Spannung beachten, dass die Erfahrung des vollkommenen Gottes ein neues Verhalten ermöglicht, dass aber auf der anderen Seite das Verhalten, zu dem Jesus uns aufruft, auch zu einer neuen Gotteserfahrung führen kann. Wer die Weisungen Jesu befolgt, der bekommt es mit dem wahren Gott zu tun. Seine selbstgemachten Gottesbilder fallen zusammen. Er erfährt Gott als den himmlischen Vater, der ihm den Rücken stärkt, der ihm Mut macht, in einer zerstrittenen Welt eine Spur der Versöhnung zu legen. Das Verhalten, das Jesus von uns fordert, ist nicht das angepasste Verhalten dessen, der nicht auffallen möchte, sondern das reife Verhalten eines Sohnes und einer Tochter, die sich vom Vater geliebt und gestützt wissen. Weil der Vater ihnen den Rücken frei hält, können sie neue Wege der Liebe und des Friedens gehen. Die Fähigkeit zur Feindesliebe erwächst aus dem Gebet, das Jesus seine Jünger gelehrt hat. Und die Liebe zu den Feinden ist Antwort auf das Gebet, das die Christen täglich sprechen, und in dem sie sich für Gott öffnen, damit Gottes Geist immer mehr von ihnen Besitz ergreift, damit Gottes Wille immer mehr in ihnen und durch sie geschehe und so diese Welt heilt und sie verwandelt wird.

Nach der Zusammenfassung der Antithesen im Wort von der Vollkommenheit unterbricht Matthäus die Reihe der Jesusworte, die der Bergpredigt zu Grunde lagen. Das wird deutlich, wenn wir die Bergpredigt mit der Feldrede bei Lukas vergleichen. Nach dem Wort, das Lukas mit »seid barmherzig, wie es auch euer Vater ist« übersetzt, folgt sofort »Richtet nicht!« (Lk 6,36f). Matthäus schiebt hier das 6. Kapitel ein, ein Lehrgedicht über drei Formen der Frömmigkeit, die die Juden über das Gesetz hinaus praktizierten: das Almosengeben, das Beten und das Fasten. Jesus übernimmt diese Weisen der Frömmigkeit, aber er kritisiert sie zugleich. Sie sind nur sinnvoll, wenn sie von innen heraus getan werden und nicht, um von den Menschen gelobt zu werden. Beim Almosengeben soll die linke Hand nicht wissen, was die rechte tut. Ich gebe, weil es daran ist. Ich verzichte darauf, mein Geben zu berechnen und mir etwas darauf einzubilden. Immer wieder verweist Jesus auf das Verborgene: Das Almosengeben und Fasten soll im Verborgenen geschehen. Das gute Tun soll nicht nur vor den Menschen verborgen bleiben, sondern vor dem eigenen Ego. Ich soll das Gute nicht tun, damit ich mich gut beurteilen kann. Der innere Beurteiler in uns soll von unserem Tun nichts mitbekommen. Es soll einfach aus uns fließen, weil es daran ist, nicht, weil wir uns durch ein gutes Verhalten über andere stellen können.

Der Beter soll in die Kammer gehen und die Tür zuschließen. »Dann bete zu deinem Vater, der im Verborgenen ist.« (6,6) Es ist nicht nur die äußere Kammer, die mein Beten den Blicken der anderen entzieht, sondern auch die innere Kammer, in die ich mich beim Beten zurückziehen soll: Es ist die Kammer des Herzens. Das wahre Gebet erklingt in der verborgenen Kammer meines Herzens. Dort bin ich eins mit Gott. Aber ich reflektiere darüber nicht, ich bin einfach in Gott. Darin besteht das Geheimnis des Betens. Beten heißt für Jesus: Gott das Verborgene meines Herzens hinhalten. Der Vater sieht in das Verborgene. Indem ich es ihm hinhalte, wird er es mit seinem Licht der Liebe erleuchten und verwandeln. Es heißt aber auch, dass ich Gott alles hinhalte, auch das, was mir selbst verborgen ist, das Unbewusste. Gottes Licht soll in alle Abgründe meiner Seele fallen, damit alles in mir von Gott berührt und verwandelt wird. Das Beten des Jüngers Jesu soll nicht in vielen Worten bestehen, nicht im Plappern wie bei den Heiden (6,7). Es soll nicht aus dem Leistungsdruck erfolgen, Gott mit Gewalt zu einem Tun zu drängen. Vielmehr entspringt das Gebet des Christen aus dem tiefen Vertrauen, dass Gott weiß, was der Mensch braucht.

Mitten in diese Unterweisung über das christliche Beten setzt nun Matthäus das Vaterunser. In diesem Gebet Jesu erfährt der Christ, was wahres Beten ist. Aber zugleich – so zeigt das Vaterunser als die genaue Mitte der Bergpredigt – erfährt er in diesem Gebet auch, wer er selbst im Tiefsten ist: Sohn und Tochter Gottes. Hier erfährt er, wie das Verhalten aussieht, das seinem Sein entspricht.

Die Bitte »Unser tägliches Brot gib uns heute«, wird interpretiert durch Jesu Worte über das Almosen, Beten und Fasten und durch das Lehrgedicht über die Sorglosigkeit (6,19–34). Die Exegeten haben darüber gerätselt, wie das Wort »epiousios« zu übersetzen ist. Die wahrscheinlichste Übersetzung ist: »Unser Brot für morgen gib uns heute.« Die Bitte »gehört in eine Situation sozialer Bedrängnis, in der die Nahrung für den folgenden Tag nicht einfach selbstverständlich vorhanden ist«. (Luz, 347) Meinrad Limbeck plädiert dagegen, »epiousios« zu übersetzen mit »zum Dasein nötig, das Notwendige«. Dann würde die Bitte heißen: »Unser notwendiges Brot gib uns heute.« (Limbeck, 107) Wenn wir diese Bitte durch das ganze 6. Kapitel deuten, dann heißt sie: Ich darf Gott um alles bitten, was ich brauche, aber zugleich soll ich erkennen, wo Gott anderen das zum Leben Nötige durch mich geben möchte. Es ist also kein passives Bitten, sondern ein Beten, das mich in Verantwortung nehmen kann. Im Fasten erkenne ich, dass ich nicht nur vom Brot allein lebe, sondern dass Gott meinen tiefsten Hunger stillt. Das Fasten relativiert das Essen und macht mich zugleich sensibel, dass ich dankbar und achtsam esse und im Essen Gottes Gaben genieße. Die Bitte um die Nahrung darf nicht zur ängstlichen Sorge werden, die mein Herz völlig besetzt. Jesus verweist uns in unserem Angewiesensein auf Nahrung und Kleidung auf die Vögel des Himmels und die Lilien des Feldes. Er will die Maßstäbe zurechtrücken, die unser Leben bestimmen. Nicht die Sorge für Nahrung und Kleidung soll uns bestimmen, sondern die Sorge um das Reich Gottes: »Euer himmlischer Vater weiß, dass ihr das alles braucht. Euch aber muss es zuerst um sein Reich und um seine Gerechtigkeit gehen; dann wird euch alles andere dazugegeben.« (6,32f) Die Sorge um den Lebensunterhalt und die Arbeit, die diesen Unterhalt sichert, gehören zum Menschen. Doch ob der Mensch wahrhaft Mensch ist, das entscheidet sich daran, dass er sich um das Reich Gottes und seine Gerechtigkeit sorgt. Wenn Gott im Menschen herrscht, dann wird er wirklich Mensch, dann ist er wahrhaft frei. Wenn Gott im Menschen herrscht, dann wird er fähig zu einer neuen Gerechtigkeit, dann zeigt sich Gottes

Herrschaft auch in einem neuen Verhalten. Darum geht es, und nicht um das ängstliche Kreisen um sich selbst.

»Vergib uns unsere Schulden, wie auch wir vergeben haben unseren Schuldnern.« Diese Bitte interpretiert Matthäus einmal durch den Zusatz zum Vaterunser und dann durch die Aufforderung, nicht zu richten. Unmittelbar nach dem Gebet entfaltet Matthäus die Vergebungsbitte: »Denn wenn ihr den Menschen ihre Verfehlungen vergebt, dann wird euer himmlischer Vater auch euch vergeben.« (6,14) Hier wird deutlich, dass das Beten nicht folgenlos bleibt. Es wird vielmehr gebunden an das Verhalten des Menschen, an seine Bereitschaft, dem Mitmenschen zu vergeben. Die Vergebung wird gekoppelt an das Nicht-Richten. Vergebung würde verfälscht, wenn sie mit einem Urteilen und Verurteilen verbunden wäre. Wenn ich dem anderen vergebe und ihm zugleich vermittle, dass er eigentlich schuld ist, dann spiele ich mich als der Gerechte und Großzügige auf, der bereit ist, dem armen Sünder zu vergeben: Es entsteht ein ungesundes Gefälle. Vergeben wird beim anderen nur dann als heilend und befreiend ankommen, wenn ich mich nicht über ihn stelle. Dazu ist der Verzicht auf jedes Richten, Urteilen und Bewerten nötig. Das Richten bezieht sich nicht nur auf das Verhalten anderer, sondern zunächst einmal auf mich und mein Verhalten. In der geistlichen Begleitung erfahre ich immer wieder, wie viele Menschen sich selber ständig richten und bewerten und verurteilen. Ich komme auf meinem Weg zu Gott nur dann weiter, wenn ich darauf verzichte, das, was in mir ist, zu bewerten. Es ist einfach so, wie es ist. Erst wenn ich es annehme, kann es sich wandeln. Wenn ich es verurteile, wird es sich in meinem Unbewussten verstecken und gerade dann in mir auftauchen, wenn ich nicht damit rechne. Nur wenn ich aufhöre es zu bewerten, ermögliche ich dem, was mir so unangenehm erscheint, sich zu wandeln. Ich halte es dann Gott hin, und Gottes Geist kann es verwandeln. Wenn ich mich nicht mehr bewerte, dann lerne ich allmählich, auch den anderen und sein Verhalten nicht zu bewerten. Ich nehme es, wie es ist. Ich versuche, den anderen zu verstehen. Ich sehe in seinem Verhalten die Sehnsucht nach Leben und Liebe. Dann erhebe ich mich in der Vergebung nicht über ihn, sondern ich lasse sein Verhalten bei ihm. Ich gebe es ihm zurück, ohne es zu bewerten. Ich verzichte auf die Vergeltung. Vergebung heißt: den andern lassen, wie er ist. Er darf so sein. Ich bete für ihn, dass er seinen Frieden findet, aber ich stelle mich nicht über ihn, sondern fühle mit ihm in seiner Not, in seiner Sehnsucht, mit sich selbst in Einklang zu kommen.

»Führe uns nicht in Versuchung, sondern rette uns vor dem Bösen.« Viele stoßen sich daran, dass Gott uns in Versuchung führen kann. Schon Origines übersetzt die letzte Vaterunserbitte daher: »Lass uns der Versuchung nicht erliegen.« Und Tertullian übersetzt: »Lass nicht zu, dass wir in Versuchung geführt werden.« (Luz, 349) Schnackenburg meint, der Sinn dieser Bitte sei: »Lass uns nicht in Versuchung geraten.« (Schnackenburg, 67) Der griechische Übersetzer des aramäischen Vaterunsers hatte dieses Problem offensichtlich nicht. Wir können diese Bitte nur verstehen, wenn wir Beten und Handeln zusammen sehen. »Der Mensch bittet um etwas, was er durch sein Verhalten bestimmt.« (Luz, 349) Wir dürfen also Gott nicht die Schuld zuschieben, wenn wir in Versuchung geraten. Wir bitten Gott darum, dass wir selbst aktiv werden und uns nicht in Versuchung führen lassen.

Eine andere Frage ist, was unter Versuchung zu verstehen ist. Die frühen Mönche schätzen die Versuchung als Erprobung des Menschen. Wie der Sturm den Baum zwingt, seine Wurzeln immer tiefer in die Erde zu treiben, so stärkt die Versuchung den Mönch in seinem Kampf um das Gute. Wenn wir die letzte Vaterunserbitte durch die Bergpredigt selbst interpretieren, dann bieten sich die Verse 7,13–23 als Deutungsmuster an. Versuchung würde dann darin bestehen, den breiten Weg zu gehen, der in das Verderben führt. Der breite Weg ist der Weg, den alle gehen. Nur den anderen zu folgen, tun, was alle tun, führt den Menschen ins Verderben. Jeder muss seinen eigenen Weg gehen. Die Versuchung besteht dann darin, nicht selber zu leben, sondern sich leben zu lassen. Die eigentliche Versuchung ist die Verweigerung des Lebens. Die andere Weise der Versuchung wäre die Verwirrung. Das ist angedeutet in der Warnung vor den falschen Propheten, die wie harmlose Schafe daherkommen. Jesus warnt hier vor geistlichem Missbrauch, vor der Verführung durch falsche Propheten. Grundmann meint, mit der Versuchung sei die Gefahr des Abfalls gemeint. Daher übersetzt er so: »Lass uns nicht hineingeraten in die Situation des Abfalls, sondern reiße uns von dem Bösen weg.« (Grundmann, 203)

Die Exegeten haben darüber diskutiert, was mit dem Bösen gemeint ist, ob es der Böse, der Teufel ist, vor dem Gott uns bewahren soll, oder das Böse. Heute plädieren die meisten Exegeten dafür, dass das Böse gemeint ist: böse Gedanken, Begegnungen, Leiden, Drangsale, böse Menschen und der böse Trieb. Gott möge uns vor der Macht des Bösen erretten und bewahren, damit das Bild in uns zur Geltung kommen kann, das Gott sich von jedem von uns gemacht hat. In den letzten beiden Bitten des Vaterunsers geben wir unsere Angst zu, unsere Kräfte könnten in der Versuchung oder vom Bösen überfordert werden. Wir halten unsere Angst vertrauensvoll Gott unserem Vater hin, damit er uns nicht überfordert, sondern uns in den Turbulenzen und Gefährdungen unseres Lebens in seiner Liebe bewahren möge.

Die Bergpredigt schließt mit dem Bild vom Haus auf dem Felsen. Wer Jesu Worte hört und danach handelt,

»ist wie ein kluger Mann, der sein Haus auf Fels baute«.
(7,24) Es genügt nicht, die Worte Jesu nur zu hören, sie
müssen auch getan werden. Hören und Tun werden vor
allem im Buch Deuteronomium immer wieder zusammen
gesehen. So wie Mose stellt Jesus die Jünger vor die Alternative, »zwischen Leben und Glück oder Tod und Un-
glück zu wählen (30,15)«. (Gnilka, 281) Wer Hören und
Tun verbindet, der ist klug. Er weiß, wovon das Gelingen
des Lebens abhängt.

Johannes Chrysostomus hat dieses Bildwort so gedeutet, dass der, der in Christus gründet, durch nichts verletzt
werden kann, weder durch Stürme noch durch Wasser-
fluten. Weder Beleidigungen noch die Projektionen, in denen andere ihr Unbewusstes auf mich werfen, können
mich verletzen, wenn ich mein Haus auf das Wort Jesu
baue, wenn ich mich von Jesus her definiere und nicht
vom Urteil der Menschen und ihrem Verhalten mir gegenüber. Wenn ich dagegen mein Haus auf Illusionen auf-
baue, etwa auf der Illusion, von allen anerkannt und bei
allen beliebt zu sein, wird es sofort zusammenfallen,
wenn ein Mensch mich kränkt oder verletzt. Jesu Wort
will mir den wahren Grund zeigen, auf dem mein Haus
fest stehen kann, ohne dass es die Verletzungen anderer
zum Einsturz bringen können: Es ist Tatsache, dass ich
Sohn oder Tochter Gottes bin, bedingungslos geliebt.
Wenn ich auf diesem Felsen mein Haus baue, wird mein
Leben gelingen. Menschen können mich noch so sehr verletzen, mein Haus wird nicht einstürzen.

Die Aussendungsrede (10)

Die zweite große Rede Jesu ist die Aussendungsrede an
die Jünger im Kapitel 10. Matthäus hat für diese Rede
verschiedene Worte Jesu zusammengestellt, die bei Mar-

kus und Lukas in einem anderen Kontext auftauchen. Aus der Komposition des Matthäus wird ersichtlich, wie der Evangelist die Sendung der Jünger begreift: Nicht nur Jünger, die Jesus damals in die Städte Galiläas ausgesandt hat, sondern auch alle, die heute als Christen in diese Welt geschickt sind, sind darunter zu verstehen. Die Zwölf, die er aussendet, sind Typos für die Jünger künftiger Zeiten. Im Auftrag Jesu sollen sie genau das tun, was Jesus getan hat, und sollen nach dem Bild gestaltet werden, das Jesus verkörpert hat. Es sind zwölf Apostel. Die Zwölfzahl taucht hier zum ersten Mal auf. Zwölf steht für die Beziehungsfähigkeit und für die Gemeinschaft. Die Jünger Jesu treten als Gemeinschaft auf, sie repräsentieren das neue Israel. Sie sind Bild für die Gemeinde, für die Matthäus schrieb. Jesus brachte es fertig, so unterschiedliche Menschen wie Juden und Griechen (drei tragen griechische Namen), Zöllner (römerfreundlich) und Zeloten (römerfeindliche Partisanen), arme und reiche Fischer (Simon und Andreas waren einfache Fischer, Jakobus und Johannes arbeiteten in einer Fischereifirma, vgl. 4,18–22) miteinander zu einer Gemeinschaft zu formen, sodass sie in Frieden zusammenlebten und im gleichen Auftrag handelten. Diese Kunst Jesu, Menschen verschiedener politischer und gesellschaftlicher Richtungen zu einem gemeinsamen Auftrag zu verbinden, bräuchten wir heute in unserer Kirche, da die verschiedenen Strömungen eher gegeneinander als miteinander arbeiten.

Der Auftrag, den Jesus den Jüngern gibt, spiegelt die Sendung wider, die Jesus selbst erfüllte. Die Jünger verkünden die gleiche Botschaft wie Jesus: »Das Himmelreich ist nahe.« (19,7) Bei ihnen fehlt nur der Aufruf zur Umkehr, da sie als Jünger selbst der Umkehr bedürfen. Jesus fordert die Jünger auf, genauso wie er selbst Kranke zu heilen, Tote aufzuwecken, Aussätzige rein zu machen und Dämonen auszutreiben. (10,8) Sie sollen das tun, was Matthäus im 8. und 9. Kapitel von Jesus berichtet hatte, nämlich dass er nicht nur das Wort vom Reich Gottes verkündet, sondern auch Kranke geheilt hat. In Jesu Heilungen sieht Matthäus das Wort des Propheten Jesaja erfüllt: »Er hat unsere Leiden auf sich genommen und die Krankheiten getragen.« (Jes 53,4; 8,17) Weil Jesus die Krankheiten der Menschen auf sich genommen hat, sollen die Jünger in seinem Namen die Kranken heilen.

Schon die Kirchenväter hatten mit diesem Satz Schwierigkeiten, weil sie sich nicht als Wundertäter erlebten, sondern als Menschen, die selbst der Heilung bedurften. Trotzdem darf man den Auftrag Jesu nicht überspringen. Die Seelsorge, zu der Jesus uns sendet, muss eine therapeutische Seelsorge sein. Kranke heilen heißt nicht unbedingt, dass die Kranken körperlich gesund werden. Aber unsere Botschaft und unser Umgang mit ihnen soll ihnen Hilfe und Trost sein, dass sie ihre Krankheit annehmen können und sich von ihr für Gott aufbrechen lassen.

Viele Menschen sind auch heute tot. Sie funktionieren und stürzen sich in Hektik, aber innerlich sind sie tot. Als Christen haben wir den Auftrag, die Toten aufzuwecken, dass sie wieder lebendig werden, dass sie sich selbst spüren, dass sie mit ihrer Seele in Berührung kommen, dass das Leben in ihnen wieder strömt. Aussätzige rein zu machen, das heißt, den Menschen zu vermitteln: »Du bist willkommen. Du bist bedingungslos angenommen. Es ist gut, dass es dich gibt. Du bist gut, so wie du bist.« Und Dämonen auszutreiben, das heißt, die Menschen zu befreien von krankmachenden Lebensmustern, von kränkenden Gottesbildern, von den Projektionen, die andere auf sie werfen und die damit das Bild trüben, das Gott sich von den Menschen gemacht hat.

Die Anweisungen Jesu, die Jünger sollten keine Vorratstasche, kein zweites Hemd, keine Schuhe und keinen Wanderstab mitnehmen (10,9f), scheinen zeitbedingt zu sein und sich nur an die Wanderprediger der Frühzeit zu richten. Doch auch in diesen Worten steckt ein Anspruch an uns. Wir haben das Wort Gottes nicht als Besitz, den wir weitergeben können. Wir sind Pilger auf dem Weg und auf der Suche nach Gott. Nur als suchende Pilger können wir weitergeben, was wir selbst immer wieder von Gott empfangen. Es geht nicht um unsere Fähigkeiten, die wir mitnehmen, sondern um unsere Durchlässigkeit für den Geist Gottes. Jesus befreit uns von dem Leistungsdruck, dass unsere Verkündigung bei allen Menschen ankommen muss. Mit unserer Botschaft sollen wir den Frieden verkünden, und Frieden in die Häuser der Menschen bringen. Wir sollen die Menschen nicht überfordern, sondern denen, die in sich zerrissen sind, die in Unfrieden sind mit sich selbst und mit ihrer Umgebung, einen Weg des Friedens zeigen. Doch wenn Menschen diesen Frieden nicht wollen, sollen wir uns nicht den Kopf zerbrechen und alle Schuld bei uns suchen. Wir sollen sie lassen. »Dann wird der Friede zu euch zurückkehren.« (10,13) Wir werden nicht enttäuscht weitergehen, sondern in innerem Frieden. Wir lassen den Menschen ihre Freiheit und gestehen auch uns selbst die Grenzen ein, die wir bei der Verkündigung der Frohen Botschaft erfahren.

Mit einem Rätselwort beschreibt Jesus die Sendung der Christen in die Welt: »Seht, ich sende euch wie Schafe mitten unter die Wölfe. Seid daher klug wie die Schlangen und arglos wie die Tauben!« (10,16) Als Schafe unter Wölfen sind die Christen wehrlos der Gewalt von aggressiven Menschen preisgegeben. Sie sollen sich nicht wehren. Doch Jesus lässt sie in dieser Situation trotzdem nicht ohne Schutz. Er fordert sie zur Klugheit und zur Arglosigkeit auf. Das scheint sich zu widersprechen, und die meisten christlichen Ausleger haben sich auf die Arglosigkeit und Lauterkeit der Taube gestürzt. Das entspricht eher dem christlichen Ideal: ohne Nebenabsichten, ohne Verunreinigung durch die Aggressionen der Gegner in der Reinheit des Herzens zu leben. Doch Jesus verweist uns auch auf die Klugheit der Schlange. Origenes deutet die Klugheit der Schlange so, dass die vom Menschen angegriffene Schlange sich zusammenrollt und ihren Kopf schützt. (Vgl. Luz, 2,110) So solle der Christ seinen Kopf, den Glauben, schützen. Doch die Schlange ist seit jeher Symbol für die Weisheit der Natur und für die Sexualität. Bei den Juden war sie Urbild der Sünde, bei anderen Völkern Symbol für Lebenserneuerung und Lebensenergie. Jesus verwendet dieses im Judentum eher negative Symbol positiv. Die Christen sollten klug wie die Schlangen sein. Sie sollen in Berührung sein mit ihrer Vitalität, mit der Weisheit der Natur, mit der Energie ihrer Sexualität. Sie sollen sich nicht nur von hohen Idealen leiten lassen, sondern aus der Weisheit der Instinktwelt heraus leben, aus der natürlichen Schlauheit der Schlange. Wer mit sich im Einklang ist, der muss sich nicht gegen jeden Angriff verteidigen. Er entzieht sich wie die Schlange dem, der ihn angreifen möchte. Wir fühlen uns ja immer dann angegriffen, wenn jemand etwas anspricht, was wir bei uns selbst nicht annehmen können. Wer alles in sich, auch das Schlangenhafte, mit dem reinen Auge der Taube ansehen kann, für den ist alles rein. Er vermag unter Wölfen zu leben, ohne von ihnen zerrissen zu werden. Ihre Aggressionen können ihm nichts anhaben.

Die Christen sollen sich nicht vor den Menschen fürchten. »Denn nichts ist verhüllt, was nicht enthüllt wird, und nichts ist verborgen, was nicht bekannt ist.« (10,26) Hier liegt der Grund der Furchtlosigkeit: das Wissen um das Verborgene in mir. Wenn ich keine Angst habe vor den geheimen Gedanken und Leidenschaften meines Herzens, dann können mir auch Menschen keine Angst einjagen, wenn sie darauf aus sind, die Geheimnisse meines Herzens auszuspionieren. Wenn ich das Verborgene in mir Gott hinhalte und darauf vertraue, dass sein Licht das Verhüllte enthüllt und das Dunkle erhellt, dann vermag ich ohne Angst zu leben. Gott, der mich mit allen Abgründen meiner Seele kennt, ist die wahre Befreiung von menschlicher Angst. Matthäus gibt noch einen anderen Weg an, sich von der tief in uns liegenden Angst zu befreien: »Fürchtet euch nicht vor denen, die den Leib töten, die Seele aber nicht töten können.« (10,28) Die Menschen können mich nur äußerlich verletzen. Sie können meinen Leib schlagen, sie können mich emotional verletzen. Aber meine Seele, den inneren Raum meines Herzens, den können sie nicht angreifen. Es gibt in mir etwas, das der Macht der Menschen entzogen ist. Dort in meiner Seele wohnt Gott. Und wo Gott in mir wohnt, kann kein Mensch mich verletzen. Der Glaube an den Gott, der meine Seele schützt und in meiner Seele wohnt, befreit von der Angst vor Verletzung, Demütigung, Entehrung und Tötung. Selbst der Tod kann den innersten Kern meiner Person nicht zerstören, denn der ist in Gottes Hand.

Matthäus stellt das Wort Jesu, dass er nicht gekommen sei, den Frieden zu bringen, sondern das Schwert (10,34f), in einen ganz anderen Zusammenhang als Lukas. Für Matthäus gehört dieses Wort in die Unterweisung der Jünger. Wer sich auf den Weg Jesu einlässt, wer sich von Jesus in diese Welt gesandt weiß, der erfährt, dass er nicht überall Frieden bringt, sondern auch das Schwert. Schwert ist hier kein Bild für Gewalt, sondern für Scheidung. Das Wort Gottes, das wir verkünden, ist wie ein zweischneidiges Schwert: Es scheidet in uns die Gedanken. Es deckt uns auf, wo wir Gedanken des Verderbens denken und wo Gedanken des Heils. Das Wort ruft zur Entscheidung auf: Es ist kein unverbindliches Wort, das man sich anhören und genießen kann. Das Wort Gottes will durch unsere Verkündigung in das Herz des Menschen eindringen und dort eine Scheidung vollziehen zwischen Gedanken, die

Leben bringen und solchen, die dem Menschen schaden. Das Wort der Verkündigung will die Zuhörer aufrufen, sich für Gott zu entscheiden und sich von allem Widergöttlichen zu distanzieren.

Matthäus stellt auch das Wort von der Kreuzesnachfolge in seine Aussendungsrede. Wer sich als Jünger Jesu in die Welt gesandt weiß, der muss dazu bereit sein, den Tod als letzte Konsequenz auf sich zu nehmen. Ursprünglich war das Wort vom Kreuz auf sich nehmen sicher so gemeint, dass der Jünger mit dem Martyrium rechnen musste. Doch schon die frühen Kirchenväter haben dieses Wort spirituell gedeutet. Das Kreuz auf sich nehmen heißt dann, zum Leiden, das einen trifft, ja zu sagen. Ein Kartäusermönch spricht von der Kreuzigung der Laster und Begierden. Die frühen Mönche verstanden sich als Kreuzträger. Für mich heißt das Wort Jesu: Wenn ich mich auf den Weg Jesu einlasse, dann werde ich dem Kreuz begegnen. Das Kreuz kann im Leiden bestehen, das mich trifft. Es kann aber auch das sein, was mich durchkreuzt. Ich brauche mir gar nichts auszusuchen, was mich näher zu Gott bringt. Das Kreuz ist der königliche Weg zum Geheimnis Gottes und seiner Liebe. Kreuz ist alles, was mir in die Quere kommt, was ich mir selbst nicht wähle. Es kann meine Empfindlichkeit sein: Wenn ich sie auf mich nehme, mich mit ihr aussöhne, mit ihr ins Gespräch komme, dann wird sie mich zu Gott führen. Sie wird mir meine Illusionen nehmen, dass ich mich durch Askese und Gebet unempfindlich machen könnte. Sie zerbricht das Idealbild, das ich mir von mir aufgebaut habe. Sie bricht mich auf für Gott. Je älter ich werde, desto klarer wird mir, welche Weisheit in diesem Wort Jesu steckt. Ich muss mir den Weg zu Gott nicht selber wählen, er selbst schickt mich auf den Weg. Auf diesem Weg begegnet mir immer wieder das Kreuz, gerade dort, wo ich es nicht vermute. Wenn ich es auf mich nehme, wird es mich wie Jesus in die bedingungslose Liebe Gottes führen, der mich gerade dort, wo der Nullpunkt ist, aufrichtet und aufweckt zu neuem Leben.

Matthäus schließt die Aussendungsrede mit ähnlichen Worten wie die Bergpredigt: »Als Jesus die Unterweisung der zwölf Jünger beendet hatte, zog er weiter, um in den Städten zu lehren und zu predigen.« (11,1) Nach allen fünf Reden führt Matthäus mit solchen Worten zum folgenden Erzählstoff weiter (7,28; 13,53; 19,1; 26,1). Mit diesen Überleitungen verleiht er den fünf Reden ein besonderes Gewicht. Von diesem Stilmittel her ist es wahrscheinlich, dass der Evangelist die fünf Reden auf dem Hintergrund der fünf Bücher Mose verstanden hat.

Während Matthäus in der Bergpredigt das Verhalten des einzelnen Christen im Auge hat, beschreibt er in der Aussendungsrede die Gestalt der Kirche. Sie führt das Leben und die Sendung des irdischen Jesus über seinen Tod hinaus weiter. »Für Matthäus ist die Kirche also jesusgestaltig.« (Luz 2,154) Sie verkündet die Botschaft Jesu aller Welt, und übernimmt Jesu Lebensgestalt. Matthäus geht es weniger um die Lehre, die die Jünger verkünden, als um ihre Praxis. An ihrem Verhalten wird Jesus in der Welt sichtbar. Die Kirche hat teil am Leiden Jesu. Sie ist für Matthäus keine Institution, sondern eine Gemeinschaft von Geschwistern: Alle sind Jünger und Jüngerinnen, Schüler und Schülerinnen des einen Herrn und Lehrers Jesus Christus.

Die Abgesandten des Täufers (11,1–19)

Johannes hatte Jesus getauft. Jetzt kommen ihm, da er im Gefängnis sitzt, Zweifel, ob dieser Jesus wirklich der ist, auf den er gewartet hatte, denn dieser predigt ja offensichtlich anders als er selbst. Er beginnt mit der Zusage des Heils und nicht mit der Bußpredigt, mit der sich Johannes hervorgetan hat. Matthäus stellt uns Johannes den Zweifler als Vorbild hin. Wenn wir wie Johannes zweifeln, ob Jesus der ist, auf den wir gewartet haben, dann stoßen wir durch den Zweifel hindurch zum wahren Glauben vor, dann geht uns auf, wer dieser Jesus wirklich ist. Johannes schickt seine Jünger zu Jesus, um ihn durch seine Zweifel hindurch herauszufordern, sich selbst den Menschen zu erklären. Die Antwort, die Jesus den Fragestellern gibt, zeigt uns, wie Jesus seine Wunder und seine Verkündigung verstanden hat. Matthäus verzichtet darauf, die Reaktion des Johannes auf die Antwort Jesu zu berichten. Es geht ihm auch nicht mehr um Johannes, sondern um die Leser. Im 8.und 9. Kapitel hat Matthäus die Wunder Jesu und seine Verkündigungstätigkeit berichtet. Jetzt geht es darum, das, was die Menschen von Jesus hören und an ihm sehen, an sich heranzulassen und sich für diesen Jesus zu entscheiden. Jesu Wunder sind nicht nur Taten, die seine Größe zeigen, sondern sie sind Anruf, sich für das Heil zu entscheiden, das in Jesus sichtbar geworden ist. Jesus verweist in seiner Antwort auf die Verheißungen des Propheten Jesaja, die in seinem Wirken Wirklichkeit werden: »Blinde sehen wieder, und Lahme gehen; Aussätzige werden rein, und Taube hören; Tote stehen auf, und den Armen wird das Evangelium verkündet.« (11,5) Die vielen Kranken, die Jesus heilt, sind Zeichen für die Heilszeit, für die Zeit des Messias. Der Leser muss sich entscheiden, ob er diesem Jesus glaubt oder nicht. Nach den Berichten über die Heilungen rufen die Jünger zur Entscheidung des Glaubens auf. Jetzt ist es Johannes der Täufer, der dem Evangelisten Anlass gibt, die Leser zu dieser Entscheidung für Jesus einzuladen. Sowohl im 10. wie im 11. Kapitel geht es dabei um ein Werben um Israel. Israel soll sich für Jesus entscheiden, denn Jesus hat seine Jünger gerade zu seinen

Kindern gesandt. Johannes als Vertreter Israels zeigt, dass es den Heiligen Schriften entspricht, sich auf Jesus einzulassen und ihm zu vertrauen.

Nach der Antwort Jesu auf die Frage der Johannesjünger wendet sich Jesus an das Volk, und er beginnt mit drei Fragen seine Rede über Johannes den Täufer. Mit seinen Fragen lockt Jesus das Einverständnis seiner Zuhörer hervor. Sie stimmen mit ihm überein, dass sie nicht in die Wüste gezogen sind, um ein Schilfrohr oder einen Mann in feinen Kleidern zu sehen. Beides könnte eine versteckte Anspielung auf den ungeliebten König Herodes sein, der auf seine Münzen ein Schilfrohr prägen ließ und feine Kleider trug. Mit seiner Kritik an Herodes hat Jesus die Hörer auf seiner Seite. Doch darum geht es ihm nicht. Er möchte sie neugierig machen für die Gestalt des Täufers. Er ist mehr als ein Prophet. Er ist der Bote, von dem der Prophet Maleachi gekündet hat. Er ist Elija, der wiederkommen und das Ende der Zeit ankündigen soll. Und: »Unter den von Frauen Geborenen ist kein Größerer aufgestanden als Johannes der Täufer.« (11,11) Und doch gehört Johannes der alten Zeit an. Wer im Reich Gottes ist, wer sich von Jesus für das Reich Gottes öffnen ließ, der ist größer als Johannes. Er ist nicht nur Zeuge für das Reich, sondern Teilhaber. Johannes tritt in der Kraft des Elija auf, um Israel zur Umkehr zu bewegen. Jesus nimmt Johannes den Täufer als Kronzeugen für das Kommen des Reiches Gottes, um seine Zuhörer zur Entscheidung herauszufordern.

Rätselhaft war für die Ausleger seit jeher das Wort: »Seit den Tagen Johannes des Täufers bis heute wird dem Himmelreich Gewalt angetan; die Gewalttätigen reißen es an sich.« (11,12) Die frühe Kirche hat diesen Vers asketisch verstanden. Das Himmelreich rauben die, die hart an sich arbeiten, dem Götzendienst abschwören und mit ihren Leidenschaften kämpfen. Doch der ursprüngliche

Sinn ist wohl anders. Johannes hat durch Herodes Gewalt erfahren. Alle, die das Himmelreich verkünden, Johannes, Jesus und Jesu Jünger werden die Gewalt derer erfahren, die sich gegen das Himmelreich sträuben. Die Gewalttätigen wie Herodes und alle Mächtigen, die sich gegen die neue Botschaft wehren, möchten das Gottesreich gewaltsam wegnehmen. Ihr Widerstand richtet sich gegen das Gottesreich, doch Gottes Herrschaft wird sich durchsetzen. Jesus sieht in Johannes sein eigenes Schicksal und die Drangsale, die seine Jünger treffen werden, voraus. Zugleich bekundet er seine eigene Entschlossenheit, dem Reich Gottes zu dienen. Mit diesem Wort will er seine Jünger stärken, sich nicht durch die Gewalt abschrecken zu lassen, die ihnen von seiten der Welt entgegentritt.

Nun vergleicht Jesus die gegenwärtige Generation mit Kindern, die spielen wollen, sich aber nicht einigen können. (11,16f) Die einen wollen Hochzeit spielen, die anderen Beerdigung. Die einen wollen Trauerlieder singen, die andern zu fröhlichen Liedern tanzen. Jesus vergleicht die Menschen mit den Kindern, die nicht wissen, was sie wollen. Sie wollen alles und können sich nicht festlegen. Von Jesus möchten sie das, was sie an Johannes getadelt haben, und umgekehrt von Johannes das, was sie an Jesus vermissen. Man kann sie nicht zufrieden stellen. Ganz gleich, wie Jesus sich verhält, er stößt auf Ablehnung. Wenn er wie Johannes auftreten würde, würde man ihm einen Dämon andichten. Aber jetzt, wo er mit den Sündern isst und trinkt, nennt man ihn einen Fresser und Weinsäufer und einen Freund der Zöllner und Sünder. »Und doch hat die Weisheit durch die Taten, die sie bewirkt hat, recht bekommen.« (11,19) Jesu Wunder sind Taten der göttlichen Weisheit. In ihnen drückt sich Gott selbst aus. Die Weisheit ist in jüdischen Texten manchmal wie eine Person beschrieben. Sie ist Ausdruck des heilsamen Waltens Gottes. Johannes Chrysostomus hat die Weisheit Gottes mit einem Jäger verglichen, der ein Wild von zwei Seiten einkreist, um es zu fangen. »So bot Gott Israel einerseits den Weg der Askese, andererseits den der Geselligkeit an, um es zu gewinnen.« (Luz 2,190) Jesus ist nicht der typische Asket. Er ist der Mensch, der mit den Menschen isst und trinkt, der ihre Freude teilt und ihre Herzen zur Freude bewegt. Jesus hinterlässt einen anderen Geschmack als die harten Reden Johannes des Täufers. Doch wir Christen haben diesen Geschmack der Freude und der tanzenden Freiheit noch nicht verinnerlicht. Wir fallen immer wieder in die Bußpredigt und die asketische Gesinnung des Johannes zurück.

Der Jubelruf Jesu (11,25–30)

Der Jubelruf Jesu und seine Einladung an die Mühseligen und Beladenen wurde in der Exegese als Perle des Matthäusevangeliums bezeichnet. Im einleitenden Gebet drückt Jesus seine vertraute Beziehung zum Vater aus. Er dankt ihm, dass er durch ihn, seinen Sohn, sich den Unmündigen geoffenbart hat. Jesus verkündet das Reich Gottes gerade den Armen, Einfachen und Deklassierten, den Männern und Frauen in Galiläa, den armen Leuten auf dem Land. Nicht denen, die von ihrer Ausbildung her Anrecht auf das Wissen um Gott haben, offenbart sich Gott in Jesus, sondern den Ungebildeten, Einfachen, Einfältigen. Jesus lässt diese Menschen in seiner Verkündigung teilhaben an seinem vertrauten Verhältnis zum Vater. Er ist der Sohn, der als einziger den Vater wirklich kennt. Das Kennen des Vaters durch den Sohn wird von der frühen Kirche mystisch ausgelegt. Erkennen ist immer auch lieben, eins sein, in den anderen eingehen. Es ist eine zärtlich liebende Beziehung zwischen Vater und Sohn.

Der Sohn führt nun auch die Christen ein in diese liebende Beziehung zum Vater. Er lässt sie teilhaben an seiner mystischen Erfahrung des Vaters. Meister Eckhart hat diesen Text so verstanden: Unsere Seligkeit besteht in der Erkenntnis Gottes, im Einswerden mit Gott. Der Weg zu diesem Einswerden mit Gott ist der Sohn und das Wort, das der Sohn uns anvertraut hat. (Vgl. Luz 2,216)

Die mystische Erfahrung, in die Jesus uns einführen möchte, deutet er durch sein Einladungswort an alle Mühseligen und Beladenen: »Kommt alle zu mir, die ihr euch plagt und schwere Lasten zu tragen habt. Ich werde euch Ruhe verschaffen.« (11,28) Diese Einladung Jesu ähnelt manchen Weisheitsworten, etwa denen in Jesus Sirach 51,23–29. Bei der Weisheit können die Menschen Ruhe finden, während die Torheit voller Lärm ist. Die Weisheit wendet sich gerade an die Ungebildeten, und ihr Joch ist leicht. Matthäus zeigt mit diesem Jesuswort, dass Jesus der wahre Lehrer der Weisheit ist. In ihm haben wir teil an der Weisheit, nach der sich sowohl Juden wie Griechen schon immer gesehnt haben. Er verkörpert die Weisheit der ganzen Welt. Daher können wir Jesus erst ganz verstehen, wenn wir seine Worte im Dialog mit den Weisheitslehren anderer Religionen und Kulturen anschauen.

Jesus wendet sich an die, die sich abmühen und Lasten tragen. Die Ausleger haben das verschieden interpretiert: Die einen denken an das jüdische Gesetz als Last, doch Jesus hat das Gesetz nicht aufgehoben, sondern ausgelegt. Es ist eher der Leistungsdruck, der das Gesetz zur Last macht. Wenn ich unter dem Druck stehe, alles richtig machen zu müssen, dann beugt mich diese Last zu Boden. Augustinus deutet das Wort so: »Was auch immer hart ist in dem, was uns auferlegt ist: Die Liebe macht es leicht.« (Luz 2,220) Die Befreiungstheologie deutet die Last als Ausbeutung durch die Mächtigen und Reichen. Psychologen würden die Last als Belastung durch die Verletzun-

gen der Vergangenheit verstehen oder als innere Lebens-
muster, die uns nach unten drücken, etwa das Muster,
immer die Schuld bei sich zu suchen, sich ständig zu entwerten und unter Druck zu setzen. Für manche ist auch
ihre Frömmigkeit zu solch einer Last geworden. Jesus will
keine Spiritualität verkünden, die uns belastet und nie-
derdrückt, sondern einen spirituellen Weg aufzeigen, der
uns zur Ruhe führt, auf dem wir in Einklang kommen mit
uns selbst, auf dem wir wahren Frieden finden.

Jesus verheißt uns nicht nur diese Ruhe, er zeigt uns
auch einen Weg dorthin. Wir sollen von ihm zwei Haltungen lernen, damit wir Ruhe finden für unsere Seele:
Erstens die der Güte und Sanftmut, die geduldige Freund-
lichkeit sich selbst und den Menschen gegenüber. Wer
Ruhe finden will, der muss gut zu sich sein. Er muss auf-
hören, gegen sich selbst zu wüten. Wenn er mit einem mil-
den Blick auf alles schaut, was er in sich entdeckt, sobald
er die Aktivitäten aufgibt und still wird, dann wird er
wirklich ruhig. Wer voller Zorn gegen das kämpft, was in
der Stille in ihm auftaucht, der wird nie zur Ruhe kommen.

Die zweite Haltung ist die der Demut. Demut ist der
Mut, hinabzusteigen in die eigene Menschlichkeit, in die
Abgründe der Seele. Jesus ist von Herzen demütig. Er ist
hinabgestiegen in die Tiefen der Erde, aber er hat sein
Herz dabei nicht vergessen. Er hat alles, was er in sich
selbst und in unseren Tiefen erblickt, mit einem gütigen
Herzen angeschaut. Wer diesen Weg Jesu geht, der erfährt, dass Jesu Last leicht ist und dass sein Joch nicht
drückt. Jesus richtet auf, statt uns niederzudrücken. Er
schenkt uns innere Freiheit und Leichtigkeit statt Schwere
und Depression. Er verkündet Barmherzigkeit, und nicht
Opfer. (Vgl. 9,13 und 12,7. Matthäus zitiert beide Male
Hos 6,6.) Der Christ soll nicht Opfer von Gesetzlichkeit
werden, er soll sich nicht auf dem Altar seines Perfektio-

nismus selbst zum Opfer bringen, sondern barmherzig mit sich umgehen. Die Barmherzigkeit ist die eigentliche Haltung, die Jesus mit seinem ganzen Sein und mit seinen Worten den Jüngern vermitteln will.

Die Rede über das Himmelreich (13)

Im 13. Kapitel hat Matthäus eine Reihe von Gleichnissen zu einer großen Rede zusammengefasst. Dabei leitet er auffallend häufig Gleichnisse mit der Formel ein: »Mit dem Himmelreich ist es…« Während bei Lukas diese Einleitung nur zweimal vorkommt, gibt es im Matthäusevangelium 10 Himmelreichsgleichnisse. Mit den Gleichnissen vom Himmelreich will Jesus den Menschen sagen: Du brauchst das Himmelreich nicht in der Zukunft zu suchen. Es ist jetzt schon da, wenn du auf Erden so handelst, »wie es dem königlichen Willen Gottes im Himmel entspricht«. (Limbeck, 189) Die Gleichnisse sind voller Bilder. Über das Himmelreich, über die Herrschaft Gottes, über Gottes heilende und befreiende Gegenwart unter uns kann man nur in Bildern sprechen, jedoch in Bildern, die die Herzen der Menschen berühren und etwas in ihnen bewegen. Ich möchte nur kurz auf einige Gleichnisse eingehen.

Das erste Gleichnis ist kein Himmelreichsgleichnis. Jesus sitzt im Boot, während das Volk ihm zuhört. (13,2) Das Sitzen ist eine typische Haltung des Lehrers. Jesus erzählt nun einfach vom Sämann, der Samen aussät. Ein Teil des Samens fällt auf den Weg, auf felsigen Boden und in die Dornen. Das Gleichnis richtet sich an die christliche Gemeinde. Alle Christen haben das Wort Jesu gehört, das im Bild des Samens beschrieben wird. Doch bei manchen Christen ist die Seele wie ein Weg: Sie können nicht still stehen bleiben, sie haben keine Tiefe. Alles bleibt an der

Oberfläche, alles ist öffentlich. So kann das Wort Gottes nicht eindringen. Die Vögel fressen den Samen auf. Die vielen Gedanken, die in ihnen herumflattern, hindern das Wort Gottes, in die Seele einzudringen. Vor lauter Gedanken über Gott hat Gott keine Chance, in unser Herz zu gelangen.

Der felsige Boden ist Bild für Menschen, die sich von Gottes Wort begeistern lassen. Aber sie haben keine Ausdauer. Das Wort dringt nur in die Emotionen ein, in die äußere Schicht. Die Tiefe des Herzens bleibt davon unberührt. Die Dornen sind Bilder für die Leidenschaften und auch für die Verletzungen, für die Stacheln, die uns verwunden, mit denen wir uns selbst verletzen. Die Dornen lassen den Samen nicht aufkommen. Jesus sagt, die Dornen ersticken die Saat. Sie wuchern über sie, sodass sie keinen Raum zum Atmen hat. Wer von Sorgen gequält wird oder wer ständig in seinen eigenen Wunden wühlt, der hindert die Saat am Wachsen.

Der meiste Samen aber fällt auf das fruchtbare Erdreich. Dort bringt er reiche Frucht, hundertfach, sechzigfach, dreißigfach. Bei jedem geht die Saat anders auf. Hier wird deutlich, dass Matthäus Hören und Tun zusammen sieht. Christliche Existenz muss Frucht bringen in einem neuen Verhalten. Doch es ist noch ein anderes Bild, das hier aufscheint. Lebendigkeit und Fruchtbarkeit sind Zeichen echter Spiritualität. Wer sich von Gott verwandeln lässt, der zeichnet sich durch Fruchtbarkeit aus, von dem geht Lebendigkeit aus, Phantasie und Kreativität. (13,4–9)

Das Gleichnis vom Unkraut unter dem Weizen erzählt uns nur Matthäus. (13,24–30) Man kann es verschieden auslegen: Die erste Auslegung betrifft die Gemeinde. Matthäus erzählt dieses Gleichnis Jesu bewusst gegen die Rigoristen in der Gemeinde. Offensichtlich gab es in der Gemeinde, in der Matthäus wirkte, Christen, die die reine

Kirche wollten. Alle Sünder sollten ausgestoßen werden. Doch Jesus wehrt sich gegen diesen Rigorismus. Die christliche Gemeinde wird bis zuletzt zusammengesetzt sein aus Weizen und Unkraut. Jesus spricht hier vom Lolch, der dem Weizen sehr ähnlich sieht. Wer den Lolch zu früh jätet, reißt damit häufig auch den Weizen aus, weil die Wurzeln beider verflochten sind. Wenn Lolch und Weizen gereift sind und Frucht tragen, kann man sie besser unterscheiden. »Aus diesem Grund ließ man in Palästina den Lolch teilweise bis zur Ernte stehen. Erst der Schnitter, der das Getreide mit der Sichel schnitt, ließ den Lolch fallen und verhinderte damit, dass das Unkraut auch noch in die Garben kam.« (Limbeck, 190) So wie ein guter Schnitter soll auch die Gemeinde Gute und Böse wachsen lassen. Es steht ihr nicht zu, die Bösen auszurotten. Das wird Gott selbst bei der Ernte tun. Gott allein steht das Urteil zu, nicht den Menschen.

Man kann das Gleichnis aber auch als Bild für die menschliche Seele sehen. Die Seele ist dann der Acker. In der Nacht, in der wir schlafen, in der wir unbewusst dahin leben, sät der Feind das Unkraut aus. Sobald wir am Tag bewusst auf den Acker unserer Seele schauen, bemerken wir, dass da der Weizen neben dem Unkraut wächst. Wenn wir das Unkraut ausreißen möchten, würden wir den Weizen mit herausziehen. Dann würde gar nichts wachsen. Wir sollen nicht perfektionistisch auf unsere Fehlerlosigkeit fixiert sein, denn der Preis für diesen Perfektionismus ist die Unfruchtbarkeit. Da wird auch kein Weizen wachsen, und zuletzt haben wir nichts, das wir ernten können. Nur wenn der Weizen und das Unkraut zusammen wachsen, wird der Weizen aufblühen. Allerdings dürfen wir das Unkraut auch nicht wuchern lassen. Es muss beobachtet, notfalls zurückgeschnitten werden. Nur ausreißen können wir es nicht. Tief in unserer Seele ist eine Tendenz, alles Fehlerhafte in uns auszuradieren.

Doch dann wird unsere Seele unfruchtbar, kann auch das Gute nicht mehr wachsen. Es braucht viel Geduld und Gelassenheit, um beides in uns gedeihen zu lassen. Und es bedarf der Freiheit vom inneren Zwang, alles bewerten zu müssen. Ich verzichte darauf, den Weizen und das Unkraut zu bewerten. Ich lasse es wachsen und überlasse Gott, dem Herrn der Ernte, das Urteil über Weizen und Unkraut.

Die beiden Gleichnisse vom Senfkorn und vom Sauerteig erzählt uns Matthäus gemeinsam mit Lukas. (13,31–33) Die Kirchenväter deuten das Senfkorn oft als Glaube, der in den inneren Menschen ausgesät wird. Auf einmal wächst er zu einem Baum. Andere lehnen sich an ihn. Um ihn herum entsteht Gemeinschaft, und die Vögel des Himmels nisten in den Zweigen des Baumes. Lebendigkeit und Leichtigkeit, Offenheit für den Himmel sind Zeichen für einen Menschen, der vom Glauben durchdrungen ist. Der Sauerteig, der – wie es im Griechischen wörtlich heißt – unter drei Sat Weizenmehl gemischt wird, ist für Augustinus ein Bild für die Liebe, die alles in uns durchdringt. Dabei haben die Kirchenväter die drei Sat Mehl allegorisch ausgelegt, und zwar als die drei Bereiche im Menschen: Das Denken, das Fühlen und das Begehren bzw. der Körper, die Sinne und die Vernunft. Alle Bereiche müssen in uns vom Glauben oder von der Liebe durchdrungen werden. Dann werden wir Brot für andere. Es ist eine Frau, die den Sauerteig in das Mehl mischt. Die Frau ist Bild für die weibliche Seite im Menschen, die ein Gespür hat für Ganzheit, für Neugeburt, für Verwandlung. Das Mehl kann auch Bild sein für das, was uns zwischen den Fingern zerrinnt. Wir haben manchmal das Gefühl, dass unser Leben wie Mehl ist. Wir können unsere Gedanken und Gefühle nicht fassen. Es ist soviel in uns, das nebeneinander liegt, ohne miteinander verbunden zu sein. Das Unbewusste in uns ist wie Staub, der sich auf alles legt.

Wir wissen nicht, woher er kommt, und doch wird alles davon staubig. Wenn der Sauerteig der Liebe alles in uns durchdringt, wird das Vielerlei, das Auseinanderstiebende, das kaum Greifbare zu einer Einheit. Über Nacht wird alles durchsäuert und es kann zum Brot werden, das andere nährt.

Die kurzen Gleichnisse vom Schatz im Acker und von der kostbaren Perle, die ein Kaufmann fand und um deretwillen er alles verkaufte, erzählt uns nur Matthäus. (13,44–46) Beide Gleichnisse verwenden Bilder, die aus vielen Volkserzählungen und Märchen bekannt sind. Das Evangelium ist so kostbar, dass es sich lohnt, um des Evangeliums willen alles zu verkaufen, was man besitzt. Die Kirchenväter haben diese Gleichnisse bildhaft erklärt. Der Schatz im Acker ist Christus, der in den Schriften verborgen ist. Christus ist auch ein Bild für das wahre Selbst. Das wahre Selbst, das unberührte Bild Gottes in mir, liegt im Acker verborgen, in der Erde, im unansehnlichen Boden. Ich muss in der Erde graben, im Schmutz meines Lebens, um das wahre Selbst zu finden. Aber wer mit seinem innersten Kern in Berührung kommt, mit seinem göttlichen Kern, für den ist alles andere unwichtig. Er findet darin das wahre Leben und kann alles übrige verkaufen.

Auch die Perle wird von den Kirchenvätern oft als Christus selbst gedeutet. Wie die Perle in der Muschel heranwächst, so wird Christus aus dem jungfräulichen Schoß Mariens geboren. In der griechischen Mythologie wurde Aphrodite, die Göttin der Liebe, aus der Muschel geboren. So überbietet Christus, die menschgewordene Liebe, die griechische Liebesgöttin. Wie die Perle in der Muschel, so ist Christi Gottheit im Fleisch verborgen, auch in meinem Fleisch. Wenn ich Christus in mir finde, dann habe ich den wahren Reichtum gefunden, den inneren Reichtum der Seele, der alles andere aufwiegt. Dann hänge ich nicht mehr an meinem Besitz, an allem, was ich bisher erreicht habe. Alles kann ich lassen, um die kostbare Perle zu bekommen.

Auch das Gleichnis vom Fischernetz (13,47–50) steht nur im Matthäusevangelium. Es ist ein Gerichtsgleichnis. Das Netz ist Bild für die Kirche, in der gute und schlechte Fische gefangen sind. Doch wie die Fischer die guten von den schlechten Fischen trennen, so werden es am Ende der Welt die Engel Gottes mit den Menschen machen. Es ist ein Mahngleichnis, das die Christen auffordert, alles daran zu setzen, zu den guten Fischen zu gehören. Es liegt an ihnen, durch ihre Entscheidung für das Gute unter den guten Fischen zu sein. Mit dem Bild des Gerichts will Matthäus uns kein Bild des strafenden Gottes vor Augen führen, sondern nur auf die Konsequenz unseres eigenen Verhaltens hinweisen. Es hängt auch an unserem Einsatz, an unserer Antwort auf das Wort Jesu, ob wir zu den guten Fischen gehören.

Im Vers 13,52 charakterisiert sich Matthäus selbst. Es ist eine Art Selbstportrait, wenn er schreibt: »Jeder Schriftgelehrte also, der ein Jünger des Himmelreiches geworden ist, gleich einem Hausherrn, der aus seinem reichen Vorrat Neues und Altes hervorholt.« Matthäus ist ein Schriftgelehrter, einer, der die Heilige Schrift studiert hat. Er ist ein gebildeter Mann. Er gleicht einem Hausvater, der einen Schatz verwaltet. Er holt aus diesem Schatz des göttlichen Wissens Neues und Altes hervor. Er verbindet das Neue der Botschaft Jesu mit dem Alten der Heiligen Schrift, die ihm vorgegeben ist. Der christliche Schriftgelehrte braucht die Fähigkeit, die Botschaft Jesu im Licht des Alten Testamentes zu lesen und zu verstehen. Matthäus geht es darum, die Kontinuität der Botschaft Jesu mit dem Inhalt der Heiligen Schriften des Alten Testamentes aufzuzeigen. Heute würde man diese Fähigkeit erweitern. Es geht nicht nur darum, die Verbindung zwischen dem Alten Testament und dem Neuen Testament aufzuzeigen, sondern Jesus als den zu verkünden, der die Weisheit aller Völker verkörpert und sie zur Fülle bringt.

Der Gang Jesu über das Wasser (14,22–33)

Auf dem Wasser wandeln zu können war seit jeher eine Sehnsucht der Menschen. Im Traum können wir über das Wasser gehen. Bei den Griechen war es allein den Göttern vorbehalten, über das Wasser zu gehen. Menschen ist es nicht möglich. Es gibt eine buddhistische Geschichte, die lange vor Christi Geburt entstanden ist, in der ein Bruder, der auf dem Weg ist zu seinem Meister, über das Wasser geht. Der Gedanke an Buddha lässt ihn über das Wasser schreiten. Doch als er mitten in den Fluten aufhört an Buddha zu denken, beginnt er zu sinken. Er weckt in sich wieder intensive Gedanken an Buddha und gelangt ans andere Ufer. (Vgl Luz 2,410) Solche Parallelen sprechen nicht gegen die Geschichtlichkeit dieser Szene. Sie zeigen aber, wie die Geschichte von Jesu Seewandel auf die Jünger und auf die Leser des Matthäusevangeliums gewirkt hat. Jesus geht durch alle ihre Nöte mit und befreit sie von ihrer Angst. Das vertrauende Denken an Jesus lässt die Jünger über die Wasser ihrer Angst und Unsicherheit, ihrer Bedrängnisse und Gefährdungen schreiten.

Die Jünger Jesu werden in ihrem Boot von den Wellen hin und her geworfen. Das griechische Wort basanizo drückt menschliches Leiden und Qualen aus. In der Nacht werden wir gequält von Zweifel und Sinnlosigkeit. Wir erfahren uns haltlos, das Wasser geht uns bis zum Hals, die Wellen unseres Lebens werfen uns hin und her. Wir bekommen Angst. Doch je mehr wir die Zähne zusammen beißen und mit aller Kraft rudern, desto schlimmer wird es. Wir können unser Boot nicht mehr steuern. Wir sind den Wellen ausgeliefert. Matthäus drückt das noch in einem anderen Bild aus: »Sie hatten Gegenwind.« (14,24) Das ist in unserer Sprache ein Bild für Situationen, in denen alles gegen uns ist: Die Menschen, das Schicksal. Alles wird schwierig. Wir müssen uns mit aller Kraft dagegen aufbäumen, um nicht unterzugehen, und doch können wir gegen den Gegenwind nicht ankommen.

In der vierten Nachtwache kommt Jesus auf dem Wasser den Jüngern entgegen. Die vierte Nachtwache ist in der Bibel die Zeit des hilfreichen Eingreifens Gottes. Beim Schilfmeer verwirrt Jahwe die Ägypter in der vierten Nachtwache. Sie kann aber auch ein Bild sein für die Krise der Lebensmitte, die mit der Zahl vierzig in Verbindung gebracht wird. In der Lebensmitte verlieren wir den sicheren Boden unter den Füßen. Da toben in unserem Unbewussten die Stürme des bisher Verdrängten. Doch zugleich ist die Lebensmitte die Zeit der Wandlung. Wenn Jesus über das Wasser schreitet, dann wandelt sich das Schicksal der Jünger. Zunächst jedoch bekommen sie Angst: Sie meinen, es sei ein Gespenst, das ihnen da entgegenkommt. Gotteserfahrung ist nicht immer nur angenehm, sie kann uns erschrecken, sodass wir Angst bekommen. Doch Jesus zeigt ihnen, wie Gott, der barmherzige Vater, dem Menschen begegnen möchte: »Habt Vertrauen, ich bin es; fürchtet euch nicht!« (14,27) Der Gott Jesu ist der, der uns von der Angst befreit, der uns zum Vertrauen einlädt. Mit dem Wort »Ich bin es« erinnert Jesus an die Offenbarung Jahwes am brennenden Dornbusch. In Jesus offenbart sich Gott selbst, der Gott, der das Volk Israel aus Ägypten herausgeführt und sicher durch das Rote Meer geleitet hat.

Petrus bekommt auf einmal Mut, als er Jesus erkennt. Im Vertrauen auf seine helfende Nähe wagt es, aus dem

Boot zu steigen. Das Boot kann Bild für das Ego sein, aus dem wir ausbrechen müssen. Wenn das Ego durch das Unbewusste durcheinander geschüttelt wird, müssen wir aussteigen aus der eigenen Enge und die eigenen Grenzen übersteigen. Das Boot kann auch Bild für die Gemeinschaft sein. In der tiefsten Krise können wir uns nicht darauf verlassen, dass uns die Gemeinschaft trägt. Da gilt es, selber auszusteigen und sich auf den Weg des Vertrauens zu machen. Solange Petrus auf Jesus schaut, vermag er auf dem Wasser zu gehen. Der Blick auf Christus trägt uns mitten in der Unsicherheit unseres Lebens. Doch sobald Petrus auf die Fluten blickt, geht er unter. Wenn wir auf die Probleme fixiert sind, wenn wir nur noch die hohen Wogen sehen, versinken wir. Petrus schreit: »Herr, rette mich!« Matthäus erinnert mit der Schilderung der Angst des Petrus und mit seinem Gebetsruf an Psalm 69. In diesem Psalm beten die frommen Juden – und auch die Christen sollen mit diesen Worten beten – um die Errettung aus dem Wasser, das uns bis zum Hals steht und uns zu verschlingen droht. Jesus streckt seine Hand aus und ergreift den Petrus. Seine Antwort gilt nicht nur dem Petrus, sondern allen Christen, die in ihrem Glauben schwach geworden sind: »Du Kleingläubiger, warum hast du gezweifelt?« (14,31) Kleinglaube ist ein typischer Ausdruck im Matthäusevangelium. Er steht für die Christen, an die Matthäus sich wendet. Sie sind gläubig, aber ihr Glaube ist schwach. Er vermag sie nicht zu tragen, wenn sie von Wellen und Stürmen hin und her geworfen werden. Jesus ist mitten in der Nacht unseres Lebens, mitten in den Stürmen, die uns bedrohen. Er will unseren Glauben stärken. Wenn wir Jesus vertrauen und uns von ihm im Glauben stärken lassen, dann kann unser Glaube Berge versetzen, dann vermögen wir, über das Wasser zu gehen, dann sind wir getragen, auch wenn uns der Boden unter den Füßen weggezogen wird, wenn Menschen uns verlassen, wenn uns der Besitz entzogen wird, wenn alles um uns in die Brüche geht.

Jesus steigt nun zusammen mit Petrus ins Boot, und sofort legt sich der Wind. Petrus ist aus dem engen Boot seines Ego ausgestiegen. Wenn Jesus nun mit ihm ins Boot einsteigt, dann ist Petrus nicht mehr in der eigenen Enge. Für C.G. Jung ist das ein Bild, dass er vom Ego zum Selbst gelangt ist. Das Selbst ist die Mitte der Person. Im Selbst ist Gott schon anwesend. Zum Selbst gelangen wir nur, wenn wir Gott in uns hineinnehmen. Wenn wir zu unserem Selbst gelangen, wenn wir Christus in unser Boot einsteigen lassen, dann legt sich der Wind, dann vergeht die Unruhe, dann kommt unser Herz zur Ruhe. Mir erzählte ein beruflich hoch gestellter Manager, der schon lange aus der Kirche ausgetreten war und mit Gott nichts mehr zu tun haben wollte, er habe Gott nicht vermisst, aber er sei von einer schrecklichen Unruhe hin und her getrieben worden. Eine Bekannte sagte zu ihm: »Du landest noch in der Psychiatrie mit deiner Unruhe.« Dieser Mann kam in seiner Ruhelosigkeit für einige Tage ins Kloster. Da wurde er von den Worten der Psalmen so berührt, dass er sich für Gott öffnete. Jetzt fand er Ruhe. Als ich mit diesem Mann sprach, ging mir der Sinn des Seewandels Jesu neu auf. Wenn Jesus in mein Boot steigt, dann werde ich ruhig, dann verwandelt sich mein Leben, dann verliert sich die Angst vor den Stürmen und Wogen meines Lebens. Dann erfahre ich Frieden mitten in der äußeren Unruhe. So ist diese Geschichte eine tröstliche und helfende Geschichte, die uns mitten in unseren Turbulenzen anspricht. Goethe nannte diese Szene »eine der schönsten Legenden, die ich vor allem lieb habe«. (Luz 2,411) Der Glaube hilft uns, mitten in den größten Schwierigkeiten ruhig unseren Weg zu gehen. Wer glaubt, den trägt auch das Wasser. Er geht nicht unter, wenn die Wellen um ihn toben.

Das Messiasbekenntnis des Petrus (16,13–28)

Die Gestalt des Petrus spielt im Matthäusevangelium eine wichtige Rolle. Manche Exegeten meinen, Petrus sei vor allem in der syrischen Kirche die bestimmende Autorität gewesen, und dort sei auch das Matthäusevangelium entstanden. In der katholischen Exegese wurde dieser Text immer wieder herangezogen, um den Primat des Papstes zu begründen. Doch heute rücken auch die katholischen Exegeten von dieser Deutung ab. In der evangelischen Exegese wurde Petrus häufig als Typus für den gläubigen Jünger gesehen. Heute sind sich die Exegeten darüber einig, dass Petrus durchaus nicht nur Typus für jeden Jünger ist, sondern auch als geschichtlich einmalige Gestalt eine Sonderrolle bei der Entstehung der Kirche hatte. Matthäus sieht Petrus als den, der eine ökumenische Brückenfunktion zwischen Judenchristen und Heidenchristen hatte. (Vgl. Luz 2, 469f) Als diese geschichtlich einmalige Gestalt war Petrus aber zugleich ein Urbild jedes Christen. Der Christ ist wie Petrus glaubend und zweifelnd, Jünger Christi und zugleich Christi Widersacher, bekennend und verratend, stark und schwach, liebend und feige. Doch entscheidend ist die Bindung an Christus. Wenn der Jünger sich wie Petrus immer wieder an Christus wendet und Christus als den Messias bekennt, dann ist er wahrhaft Jünger im Sinne Jesu und im Sinne des Matthäusevangeliums.

Jesus fragt seine Jünger, für wen die Leute ihn halten. Die Antwort der Jünger verweist nicht nur auf die damalige Zeit, sondern sie zeigt, dass auch wir heute Jesus nicht immer als den sehen, der er wirklich ist. Auch wir geben in unserem Herzen oft eine Antwort, die hinter dem eigentlichen Christusbekenntnis zurückbleibt, zu dem uns Matthäus einladen möchte. Wir halten Jesus für Johannes den Täufer. Johannes ist der große Asket. Askese gehört sicher zum christlichen Glauben, doch wenn die Askese im Vordergrund steht, übersehen wir Entscheidendes bei Jesus, den man ja den Fresser und Weinsäufer nannte. Wenn Verzicht immer besser als Genießen ist, wenn Askese zur Lebensverneinung wird und zu einer latenten Aggressivität gegenüber anderen führt, dann verdunkelt sie uns den Blick auf Jesus. Elija ist der große Prophet, der aber zugleich in sehr rigoroser Weise für den reinen Glauben kämpft und dabei alle Baalspriester tötet. Jesus ist der größte Prophet, unterscheidet sich von Elija aber dadurch, dass er die Andersdenkenden nicht vernichten, sondern gewinnen will. Er predigt nicht gegen sie, sondern lädt sie ein, in das Himmelreich einzutreten. Er gibt jedem die Chance umzukehren und sich von Gottes Liebe zum Festmahl einladen zu lassen. Leider sind in der Kirchengeschichte immer wieder die aggressiven und besserwisserischen Aspekte des Elija aufgebrochen und haben Christen zu unheilvollen Kämpfen gegen Andersgläubige verführt. Jesus ist nicht Elija.

Jeremia ist der leidende Gerechte. Auch Jesus wird den Weg des Leidens gehen. Doch Jeremia erinnert uns an die Gefahr, das Leiden zu verherrlichen und eine masochistische Lebensauffassung zu entwickeln. Für den Masochisten ist Leiden immer besser als Glück. Doch Jesus ist nicht gekommen, damit wir leiden müssen, sondern damit wir selig, glücklich werden. Auf dem Weg zum inneren Frieden und zur Freude wird uns Leiden begegnen. Dann sollen wir nicht fliehen, sondern das Leid auf uns nehmen und durchstehen. So können wir ohne Angst den Weg zum Leben gehen.

Auf die erste Frage Jesu haben alle Jünger geantwortet. Doch auf die Frage: »Für wen haltet ihr mich?« antwortet allein Simon Petrus: »Du bist der Messias, der Sohn des lebendigen Gottes!« (16,16) Der Messias ist der, der sein Volk aus der Gefangenschaft befreit. Jesus ist also wesentlich der, der in die Freiheit führt. Für das Matthäusevangelium ist er vor allem der Sohn Gottes, der gehorsame und liebende Sohn, der seine Sohnschaft durchhält gegenüber allen Versuchungen des Satans. Jesus ist Sohn des lebendigen Gottes. Dieser Ausdruck »theos zon« ist in der Missionsverkündigung zu einer wichtig gewordenen Gottesbezeichnung geworden. Er meint den Gott, der im Unterschied zu den toten Götzen lebendig ist und Leben schafft, der in der Geschichte handelt und dessen Handeln etwas in Bewegung bringt. Für mich kommt in diesem Wort zum Ausdruck, dass der Gott Jesu ein Gott des Lebens ist, und dass wir ihm nur dort begegnen, wo wir selbst lebendig sind. Jesus kommt es darauf an, dass wir das Leben finden. Wer nur am korrekten Bekenntnis festhält ohne das zu erfahren, was er bekennt, der hat Gott nicht verstanden. Jesus richtig sehen und durch ihn Gott erkennen heißt frei werden, Sohn werden und lebendig werden.

Jesus preist den Petrus selig. Er hat den Glauben bekannt, der wirklich dem Geheimnis Gottes und dem Geheimnis Jesu entspricht. Zu diesem Glauben will Matthäus alle Christen einladen. Die Verheißung Jesu an Petrus wurde in der Kirchengeschichte sehr kontrovers ausgelegt: »Du bist Petrus, und auf diesen Felsen werde ich meine Kirche bauen, und die Mächte der Unterwelt werden sie nicht überwältigen.« (16,18) Die Ostkirche folgt der Auslegung des Origines. Der Felsen, auf den Jesus seine Kirche baut, ist der Glaube des Petrus. Wenn die Christen wie Petrus glauben, dann ist die Kirche auf einen Felsen gebaut, und die Pforten der Unterwelt werden sie nicht überwältigen. Da können noch so viele dunkle Mächte in ihr und um sie herum aufbrechen: Die Kirche wird daran nicht zugrunde gehen.

Augustinus deutet das Wort anders. Der Fels, auf dem die Kirche gebaut ist, ist Christus. Paulus hat Jesus Christus den Fels genannt. (1 Kor 10,4) Vom Fels Christus (= petra) hat Petrus seinen Namen. Die Deutung des Augustinus hat das Mittelalter geprägt. Daneben gab es die römische Deutung, die das Wort auf Petrus und nach ihm auf das Papsttum deutet. Diese Deutung geht auf Papst Leo den Großen zurück, der den Text aber weniger juristisch als spirituell deutet. Die Kirche ist dann auf den Felsen gebaut, wenn Petrus mit seinem Bekenntnis im Papst als dem Repräsentanten der Kirche lebendig bleibt. Mir persönlich sagt die Deutung des Origenes am meisten. Jesus preist Petrus selig wegen seines Glaubens und wegen seiner Einsicht. Er sieht im Bekenntnis des Petrus eine Offenbarung Gottes: Gott selbst hat dem Petrus diese Einsicht gegeben. An diesem Glauben müssen sich die Christen messen. Es ist aber kein Glaube, der nur durch Worte bekannt wird, sondern durch das Leben, durch ein Leben, das geprägt ist von der Freiheit der Söhne und Töchter Gottes, von der Erfahrung ihrer göttlichen Würde, und von der Erfahrung der Lebendigkeit, die vom Gott Jesu Christi kommt.

Auch Vers 19 ist oft kontrovers gedeutet worden. In der katholischen Exegese wurden die Binde- und Lösegewalt auf die Beichte bezogen. In der Beichte vermag der Priester die Sünden zu vergeben. In der protestantischen Exegese wurde dieses Wort vor allem auf die Predigt gedeutet. Die richtige Predigt löst die Bande, in die Menschen verstrickt sind, sie schließt die Tür zum Himmelreich auf. Matthäus selber zeigt uns, wie wir dieses Wort verstehen sollen: Schon die Schriftgelehrten hatten die Schlüsselgewalt zum Himmelreich, doch ihnen macht Jesus den Vorwurf: »Ihr verschließt den Menschen das Himmelreich.« (Mt 23,13) Petrus und mit ihm die Jünger Jesu sollen die Gebote Gottes so auslegen, dass die Menschen in dieses Reich Gottes eintreten können. Der wahre Petrusdienst, den Matthäus hier vor Augen hat, besteht darin, die Lehre Jesu authentisch zur Geltung zu bringen und das Gesetz Gottes für die konkrete Situation des Alltags so auszulegen, dass es mit dem Wesen des Menschen übereinstimmt und es ihm so möglich ist, in das Himmelreich zu gelangen.

Es sind zwei Bilder, die Matthäus hier verwendet. Das eine Bild ist das der Schlüsselgewalt. Wer den Schlüssel hat, der schließt das Tor zum Leben auf. Das andere Bild bezieht sich auf das Binden und Lösen. Ursprünglich bedeutet das Binden und Lösen bei den Rabbinen, eine Lehre für erlaubt bzw. für verboten zu erklären. Aber es kann sich auch auf richterliches Tun beziehen. Dann heißt es: bannen und den Bann aufheben, in die Gemeinde aufnehmen und aus ihr ausschließen. Es kann sich aber, wie die Deutung im Johannesevangelium (Joh 20,23) zeigt, auch auf die Sündenvergebung beziehen. Ich möchte die beiden Worte lieber persönlich auslegen. Der Glaube, den Petrus verkündet und für dessen klare Vermittlung die Nachfolger des Petrus sorgen sollen, bindet mich an Christus. In der Bindung an Christus werde ich frei von den Banden, die mich oft genug gefesselt halten. Der wahre Glaube löst mich also von krankmachenden Gottesbildern, von einschränkenden Lebensmustern, aus der Macht der Dämonen, die mich bestimmen möchten. Die Bindung an Christus löst mich von Fesseln der Unfreiheit und Angst, er löst mich letztlich von der Verstrickung in das eigene Ego.

Auf das klare Christusbekenntnis des Petrus und auf seine Seligpreisung durch Jesus folgt eine Gegenszene, eine Kontrastgeschichte. Matthäus liebt den Kontrast. Er ist ein durchgängiges Stilmittel, das wir in seinem Evangelium immer wieder beobachten können. Jesus erklärt seinen Jüngern, dass er leiden müsse. Petrus nimmt ihn beiseite und macht ihm Vorwürfe: »Das soll Gott verhüten, Herr! Das darf nicht mit dir geschehen!« (16,22) Doch Jesus weist ihn schroff zurück: »Weg mit dir, Satan, geh mir aus den Augen! Du willst mich zu Fall bringen; denn du hast nicht das im Sinn, was Gott will, sondern was die Menschen wollen.« (16,23) Es ist ein hartes Wort Jesu. Wenn wir Petrus als Typus für den glaubenden Menschen sehen, dann gilt dieses Wort auch uns. Es ist schön, an Jesus zu glauben, der uns in die Freiheit und in die Lebendigkeit führt. Doch offensichtlich kommen wir in seiner Nachfolge nicht um die Frage des Leidens herum. Es geht nicht nur um das richtige Bild von Jesus, der die Erwartungen des Petrus an ihn enttäuscht, sondern auch um das rechte Verständnis des Christseins. Ob wir wollen oder nicht, das Leiden wird uns treffen, spätestens im Tod. Ein Verständnis des christlichen Weges, der das Leiden ausklammert, geht an Jesus vorbei. Natürlich haben wir in der Kirche das Leiden oft genug in den Mittelpunkt gestellt und haben dadurch bei manchen eine masochistische Leidenssucht hervorgerufen. Doch wir dürfen auch nicht ins Gegenteil fallen und dem Leiden aus dem Weg gehen, sonst bauen wir uns Luftschlösser. Jesus möchte uns gerade auch dort begleiten, wo wir von Menschen vieles erleiden, wo wir den Händen der Menschen ausgeliefert sind, wo wir dem Tod begegnen.

Auf den Einwand des Petrus und auf seine scharfe Zurechtweisung durch Jesus bringt Matthäus Jesusworte, die uns in das Geheimnis der Jesusnachfolge einweisen möchten. Es sind Worte, die oft kontrovers diskutiert worden sind und viele Menschen irritiert haben. Wie sind sie zu verstehen? »Wer mein Jünger sein will, der verleugne sich selbst, nehme sein Kreuz auf sich und folge mir nach.« (16,24) Vor allem das Wort von der Selbstverleugnung ist oft genug missverständlich ausgelegt worden als Selbstverneinung, Selbstverbiegung und Selbstentwertung. Doch das ist nicht damit gemeint. Das griechische Wort »aparneisthai« heißt: »nein sagen, sich weigern«. Wer Jesus nachfolgt, muss nein sagen zu egozentrischen

Tendenzen seiner Seele, die auch das Göttliche noch vereinnahmen möchten. Gerade auf dem Hintergrund der vorigen Szene, in der Petrus das Leiden am liebsten abschaffen möchte, verweist das Wort Jesu auf die Annahme des Lebens, so wie es ist. Wir dürfen Gott nicht für uns vereinnahmen und ihn dazu missbrauchen, immer »gut drauf« zu sein, immer glücklich zu sein. Wer Gott erfahren will, braucht Abstand zu seinem Ego. Die Mystiker haben dieses Wort richtig verstanden: Wer Gott in sein Ego zwingen will, der missbraucht Gott, der geht am wirklichen Gott vorbei. Gott ist größer als das Ego. Es geht nicht darum, das Wort Jesu nur asketisch auszulegen, als ob wir alle Leidenschaften abtöten müssten, aber wir brauchen innere Distanz zu der Tendenz in uns, die alles haben, alles vereinnahmen, alles für sich gebrauchen möchte, die immer nur um sich kreist, die auch Gott noch zu sich hinabzieht. Wer auf sein kleines Ich fixiert ist, dem geht es nur um »angstvolle Selbstbewahrung« (Drewermann). Wer Christus nachfolgt, dem weitet sich das Herz, der hält sein zerbrechliches Ich Gott hin. Wirkliche Gotteserfahrung ist nur möglich, wenn wir unser Ego loslassen. Wenn Gotteserfahrung dazu dient, das Ego aufzublähen, dann wird der Mensch blind und er gerät in die Irre. Das Wort von der Selbstverleugnung ist also kein asketisches, sondern ein mystisches Wort. Es zeigt Jesus als den Lehrer mystischer Weisheit. Jesus will seine Jünger in eine Spiritualität führen, die Gott Gott sein lässt und die Wirklichkeit so sieht, wie sie ist, ohne Gott und die Wirklichkeit für sich vereinnahmen zu wollen.

Von der Tempelsteuer (17,24–27)

Matthäus überliefert uns zwei Geschichten von der Steuer: die Erzählung von der Eintreibung der Tempelsteuer in 17,24–27 und die Szene von der kaiserlichen Steuer in 22,15–22, die er mit Markus und Lukas gemeinsam erzählt. Bei der kaiserlichen Steuer geht es um das Verhältnis des Christen zum Staat. Der Staat hat keine wirkliche Macht über den Menschen, denn er ist Gottes Bild. Er ist von Gott geschaffen und gehört Gott. Daher hat er sein Leben, sein Herz, seine Seele, alles, was seine Person ausmacht, Gott zurückzugeben. Dem Staat braucht er nur zurückzugeben, was er von ihm empfangen hat: die staatlichen Einrichtungen wie Bildung, Krankenpflege, die Verwaltung von Staat und Gemeinden. Grundlage dieser Freiheit gegenüber dem Staat ist die Gottebenbildlichkeit des Menschen. Bei Matthäus ist die Lehre von der Gottebenbildlichkeit, die schon im Alten Testament angelegt ist (Gen 1,27), umgeformt in das Bild der Gottessohnschaft. Die Christen sind Söhne und Töchter Gottes. Sie bewähren ihr Sohnsein und ihr Tochtersein darin, dass sie sich in erster Linie Gott verpflichtet wissen. Der Staat ist in seinen Belangen nur für das äußere Miteinander verantwortlich. Das sollen die Christen akzeptieren, jedoch den Staat nicht verabsolutieren.

Bei der Erzählung von der Tempelsteuer geht es um eine rein jüdische Steuer. Die jüdischen Behörden treiben die Tempelsteuer, eine Doppeldrachme, ein, um den Tempel unterhalten zu können. Nach rabbinischer Meinung hat die Tempelsteuer eine sühnende Wirkung. Sie ist Ausdruck dafür, dass man Tempel und Gesetz ernst nimmt und davon sein Heil erwartet. Die Erheber der Tempelsteuer wenden sich nicht direkt an Jesus. Offensichtlich trauen sie sich nicht, mit ihm darüber zu diskutieren. Sie wenden sich an Petrus, der auch hier wieder stellvertretend für die Jünger und die christliche Gemeinde antwortet. Petrus bejaht die Frage, ob der Meister die Tempelsteuer zahlt. Doch dann belehrt ihn Jesus mit einer eigenartigen Frage: »Was meinst du, Simon, von wem erheben die Könige dieser Welt Zölle und Steuern? Von ihren eigenen Söhnen oder von den anderen Leuten?« (17,25) Auf diese Frage kann Petrus nur antworten: »Von den anderen!« Es ist logisch, dass die Könige die Steuern nicht von ihren eigenen Söhnen erheben. Jesus folgert nun aus dieser allen bekannten Tatsache: »Also sind die Söhne frei.« (17,26) In diesem kleinen Satz wird deutlich, wie Jesus die Jünger und Jüngerinnen sieht, und wie Matthäus in der Nachfolge Jesu das Wesen der christlichen Existenz und der kirchlichen Gemeinschaft versteht. Die Christen sind freie Söhne und Töchter Gottes. Sie gehören direkt Gott zu. Sie brauchen daher dem Tempel keine Steuern zu zahlen. Sie sind frei vom Tempel und vom Gesetz, frei von dem ganzen Ritualwesen und von der Erfüllung der vielen kleinlichen Gebote. Jesus sieht offensichtlich in der Freiheit das Wesen des Menschen. Der Mensch darf sich nicht versklaven durch die Einhaltung vorgeschriebener Riten und Gebote. Diese können ihm zwar helfen, seine Beziehung zu Gott auszudrücken. Aber der Mensch ist nicht für den Tempel und nicht für das Gesetz da. Er ist von Gott geschaffen. Er ist Sohn und Tochter Gottes, das macht sein Wesen aus und macht ihn frei. Die Kirche hat diese Freiheit der Kinder Gottes nicht sehr betont, daher spielt die Szene von der Tempelsteuer in der Auslegungsgeschichte keine große Rolle.

Matthäus hat diese Szene direkt vor die Beschreibung der Ordnung und des Lebens der Gemeinde gesetzt. Damit deutet er an, wie er christliche Gemeinde, wie er Kirche versteht. Sie besteht aus freien Söhnen und Töchtern. Sie darf sich nicht wieder versklaven lassen durch enge Vorschriften und Gesetze. Das Wort Jesu bleibt ein Stachel für das Selbstverständnis der Kirche: Immer wieder fiel sie in das alte Denken zurück, das Jesus in dieser Szene von der Tempelsteuer überwunden hat. Sie hat ihre Gesetze als Willen Gottes tabuisiert. Sie hat den Menschen Angst gemacht, dass er nicht zu Gott kommt, wenn er die kirchlichen Gebote nicht erfüllt. Damit aber hat sie Jesu Intention gründlich missverstanden. Die Botschaft Jesu heißt: »Du bist frei. Du bist Sohn und Tochter Gottes. Du musst dich nicht durch Erfüllung der Gebote zum Sohn oder zur Tochter Gottes machen. Du bist es schon. Du musst dir das nicht verdienen, was du bist.« Doch wenn diese freien Söhne und Töchter Gottes miteinander leben wollen, dann brauchen sie auch wieder Regeln, die das Leben ordnen. All diese Ordnungen dürfen aber nicht zum Gesetz werden. Jede Gemeinschaft, nicht nur die kirchliche, sondern auch jede Firma, jedes therapeutische Team, jede spirituelle Gruppe ist in Gefahr, sich einer Ideologie zu verschreiben. Man verschanzt sich hinter hohen Idealen und vergisst das Miteinander, die menschlichen Konflikte, die Emotionen, die uns das Zusammenleben oft erschweren. Wer sich hinter einer Ideologie versteckt, der macht die Menschen abhängig, zu Sklaven von irgendwelchen Normen und Prinzipien. Jesus will den freien Menschen, und alle Regeln für das Zusammenleben müssen von der Freiheit des Menschen ausgehen.

Wenn der Mensch wahrhaft frei ist, dann kann er sich auch Regeln beugen, ohne seine Würde dabei zu verlieren. Das zeigt Jesus, indem er den Petrus auffordert, an den See zu gehen und einen Fisch zu fangen. Im ersten Fisch, den er fangen wird, wird er ein Vierdrachmenstück finden. Damit kann er die Tempelsteuer für sich und für Jesus bezahlen. Jesus begründet das folgendermaßen: »Damit wir aber bei niemand Anstoß erregen.« Wer frei ist, der ist auch frei, wenn er sich äußeren Regeln beugt.

Wenn er sich beugt, dann, um die Menschen nicht zu verletzen und nicht Anstoß bei ihnen zu erregen. Manche Menschen würden unsere Freiheit als Willkür und Gesetzlosigkeit, als Anarchie verstehen. Daher ist es klüger, sich manchen Regeln zu unterwerfen. Aber das geschieht aus der Freiheit heraus, und nicht aus Angst, sonst bestraft zu werden oder das Heil Gottes nicht zu erreichen. In dieser kleinen Szene kommt somit etwas Grundsätzliches zum Vorschein: Jesus versteht den Menschen als freien Sohn und freie Tochter Gottes. In ihrem Umgang miteinander soll diese Freiheit Ausdruck finden. Der Mensch ist frei von der Angst, ob er das Heil findet oder nicht. Er ist schon im Heil. Er ist schon bei Gott. Doch diese Erfahrung der Freiheit und Würde braucht dann die Bereitschaft, sich auf die anderen und auf die Gemeinschaft mit ihren Strukturen einzulassen.

Die Gemeinderegel (18)

Im 18. Kapitel stellt Matthäus Jesusworte zusammen, die das Leben der christlichen Gemeinde regeln sollen. Schon im 10. Kapitel hat Matthäus von der Kirche gesprochen. Während es dort aber um die Sendung der Kirche nach außen ging, behandelt er hier das Zusammenleben der Christen. Für Matthäus ist die Kirche wesentlich Gemeinschaft, in der es Konflikte und Spannungen gibt. Er beschreibt noch keine Ämter innerhalb der kirchlichen Gemeinschaft. Sicherlich hat es in der Gemeinde solche Ämter gegeben. Matthäus wusste darum, dass diese Ämter leicht missbraucht werden können, dass es auch unter Christen um die Frage gehen kann, wer der Größte ist. Daher schärft er den Amtsträgern, aber auch der Gemeinde ein, dass vor allem die Barmherzigkeit das Miteinander bestimmen soll. Statt sich groß herauszuspielen, soll die Gemeinde auf die Kleinen achten, auf die Unbedeutenden und Verachteten. Und wenn einer sich verfehlt, soll die Gemeinde auf die Suche gehen nach dem verlorenen Schaf.

Matthäus hat das Gleichnis Jesu vom verlorenen Schaf (18,12–14) anders gedeutet als Lukas. Im Lukasevangelium beschrieb Jesus mit dem Gleichnis sich selbst. Er ist uns Menschen, die wir uns in den Abgründen dieser Welt verirrt hatten, nachgegangen und hat uns liebevoll auf die Schulter genommen, um uns zum Vater zu tragen. Er hat uns, die wir uns verloren haben, wiedergefunden, damit wir uns bei ihm selbst finden könnten.

Im Matthäusevangelium will das Gleichnis die christlichen Vorsteher darauf verpflichten, dass sie sich nicht zufrieden geben mit denen, die sowieso in der Gemeinschaft sind, sondern dass sie gerade denen nachgehen sollen, die sich verfehlt haben und vom wahren Weg abgewichen sind.

Ich möchte nur auf zwei Texte der Gemeinderegel kurz eingehen. Der erste Text von der Verantwortung für den Bruder (18,15–20) bereitet vielen Exegeten große Probleme, denn da ist nicht nur von der Sorge für den anderen die Rede, sondern auch vom Ausschluss. Doch in erster Linie geht es um die Verantwortung füreinander. Die Zurechtweisung des Bruders hatte im Judentum eine lange Tradition. Matthäus übernimmt in seiner Gemeinderegel Formulierungen der jüdischen Überlieferung. Sie schärft dem Einzelnen die Verantwortung ein, den Bruder auf ein Verhalten aufmerksam zu machen, das das Zusammenleben der Gemeinschaft stört. Im Vers 15 heißt es – gegen die Einheitsübersetzung: »Wenn aber dein Bruder gegen dich sündigt, so geh und stell ihn unter vier Augen zur Rede!« Es geht also nicht um die Sünde an sich, sondern um ein Verfehlen gegen den Bruder oder die Schwester. Wer von der Sünde des anderen betroffen ist, der soll mit ihm sprechen. Er soll ihm aber keine Moralpredigt halten, sondern den Sachverhalt von seiner Seite aus ansprechen, vor allem aber die Verletzung und Kränkung mitteilen, die das Verhalten des anderen bei ihm ausgelöst hat. Dann heißt es: »Wenn er auf dich hört, hast du deinen Bruder gewonnen.« (18,15) Wörtlich heißt es: »Wenn er dich hört.« Er soll nicht in erster Linie auf vorwurfsvolle Worte hören, sondern auf mich. Ich soll mich zu Gehör bringen, anstatt mich hinter sachlicher Argumentation zu verstecken. Wenn der Bruder mich hört, wenn eine Beziehung entsteht zwischen ihm und mir, dann habe ich ihn gewonnen.

Nur wenn das Gespräch nicht gelingt, soll ich noch einen oder zwei hinzuziehen und einen neuen Versuch starten, mit dem Bruder ins Gespräch zu kommen. Ich soll nicht über ihn reden, sondern mit ihm. Ich soll meine ganze Kunst darauf verwenden, mit ihm ins Gespräch zu kommen, ihm unter dem Schutz der kleinen Gruppe die Möglichkeit geben, sich von seinem Fehlverhalten zu distanzieren. Nur wenn er sich verschließt, wenn er gar nicht hören will, was die anderen zu sagen haben, soll ich es der Gemeinde sagen. Das Hauptaugenmerk soll darauf gerichtet sein, den Bruder zu gewinnen, ihn wieder in die Gemeinschaft zu integrieren. Doch wenn er sich selbst verschließt, schließt er sich auch aus der Gemeinschaft aus. Matthäus sagt nicht, dass dieser Ausschluss endgültig sein soll. Vielleicht ist er nur – wie es viele Ausleger der frühen Kirche gesehen haben – ein Ausschluss auf Zeit, damit der andere zur Einsicht kommt. Wie die Gemeinde sich gegenüber dem Bruder verhält, das hat auch eine religiöse Dimension. Es ist auch im Himmel so. Hier wird die Binde- und Lösegewalt nicht den einzelnen Amtsträgern zugeschrieben, sondern der Gemeinde als solche. Die Gemeinde hat die Vollmacht, den Bruder von der Sünde zu lösen und ihm zu vergeben. Aber sie kann die Sünde auch

»behalten«, beim anderen lassen, sie stehen lassen. Binden heißt für mich, dass der andere an seine Sünde gebunden bleibt, dass er mit ihr zusammenwächst. Er hat im Gespräch keine Distanz zu sich und seinem Verhalten gezeigt. Die Gemeinde zieht daraus die Konsequenz, dass sie die Sünde beim anderen lässt, bis er so weit ist, sich von ihr zu distanzieren.

Die Vollmacht, Sünden zu vergeben und sie zu behalten, kann nur dann richtig ausgeübt werden, wenn sie ins Gebet eingebettet ist. Daher folgt auf das Wort vom Binden und Lösen die Zusage, dass dem Gebet der Gemeinde alles möglich ist: »Alles, was zwei von euch auf Erden gemeinsam erbitten, werden sie von meinem himmlischen Vater erhalten. Denn wo zwei oder drei in meinem Namen versammelt sind, da bin ich mitten unter ihnen.« (18,19f) Hier wird die eigentliche Vorstellung von Gemeinde deutlich, von der Matthäus sich leiten lässt. Christus selbst ist in der Gemeinde gegenwärtig. Die Gemeinde ist der Ort, an dem Christus in dieser Welt sichtbar wird. Daher muss sie sich immer wieder darum bemühen, den Geist Jesu in ihrem Miteinander zu verwirklichen. Wenn sie einen Bruder ausschließt, muss sie wissen, dass Jesus mitten in der Gemeinschaft der Ausschließenden ist, und zwar der Jesus, der die Frommen immer wieder ermahnt hat: »Barmherzigkeit will ich, nicht Opfer.« (9,13) Die Gemeinde soll im Gebet darauf vertrauen, dass Gott den Bruder, den die Gemeinde nicht zu überzeugen vermag, zur Umkehr bewegen wird. Entscheidend ist für Matthäus bei aller Verwandtschaft zu rabbinischen Gemeinderegeln, dass in der christlichen Gemeinde der Geist Jesu erfahrbar wird. Dieser zeigt sich aber gerade dann, wenn sich die Gemeinde um die Schwachen und Kleinen kümmert, wenn sie dem verlorenen Schaf nachläuft und wenn sie den Bruder, der sich in der Sünde selbst verfehlt und die Beziehung zu den anderen stört, wieder für das Leben und für die Gemeinschaft gewinnen will. Die Gemeinschaft der Kirche ist für Matthäus der Ort, an dem Christus in dieser Welt sichtbar wird, an dem der erhöhte und auferstandene Menschensohn unter den Menschen weiter wirkt und sie für das Leben gewinnen möchte.

Die wichtigste Voraussetzung dafür, dass christliche Gemeinschaft gelingen kann, ist die grenzenlose Vergebung. Petrus meint, er sei schon großmütig, wenn er auf seine Frage, wie oft er vergeben solle, selbst die Häufigkeit andeutet: »Bis zu siebenmal?« (18,21) Bei den Juden war es üblich, zwei bis dreimal einem Menschen zu vergeben, der gegen einen gesündigt hat. Petrus ist durchaus bereit, die Pharisäer mit seiner Vergebungsbereitschaft zu übertreffen. Doch Jesus verweist ihn auf die grenzenlose Vergebung. Sieben kann auch die Zahl der Vollkommenheit bedeuten. Dann fragt Petrus nicht danach, wie oft er vergeben müsse, sondern ob seine Vergebung vollkommen sein sollte. Die Antwort Jesu »nicht siebenmal, sondern siebenundsiebzigmal« würde dann von Petrus »vollkommen-vollkommenste, grenzenlos-unendliche, unzählbarwiederholte Vergebung« (Luz 3,62) erwarten. Jesus geht es in erster Linie um die Maßlosigkeit der Vergebung. Die bezieht sich einmal auf die Zahl, zum anderen aber auch auf die Art und Weise der Vergebung. Die Vergebung soll vollkommen sein, sie soll mit ganzem Herzen geschehen und nicht nur mit dem Willen. Sie soll hinabreichen bis in die Tiefen des Unbewussten hinein. Und vollkommen ist sie dann, wenn sie an Gottes Vergebung teilhat.

Wie die Vergebung zu verstehen ist, die Jesus meint, zeigt Matthäus im Gleichnis vom gnadenlosen Schuldner oder vom »Schalksknecht«, wie Luther es übersetzt. (18,23–35) Das Gleichnis lebt von der Gegenüberstellung der großen Schuld, die der erste Schuldner, der wohl ein griechischer oder römischer Statthalter gewesen sein muss, dem König gegenüber hatte, und der minimalen

Schuld des anderen. Der erste Schuldner schuldet 10 000 Talente. Das entspricht etwa 40 Millionen Euro gegenüber 66 Euro, die der andere schuldet, also 600 000 mal weniger. Zehntausend ist für die damaligen Verhältnisse die größtmögliche Zahl, die man sich denken kann. Ganz Galiläa hatte nur ein Steueraufkommen von 200 Talenten. Der erste Schuldner wird also nie und nimmer seine Schuld begleichen können, auch nicht durch die damals bei den Römern und Persern übliche Schuldhaft. Mit diesem ersten Schuldner vergleicht Jesus uns. Gott hat Erbarmen mit uns. Er erlässt uns alle Schuld. Wir aber sind kleinlich und unbarmherzig, wenn uns ein Bruder nur ein wenig schuldet. Doch wer angesichts so großzügiger Vergebung unbarmherzig gegenüber dem ist, der gegen ihn gesündigt hat, der wird den Folterknechten übergeben. Jesus nennt den zweiten Schuldner »Mitknecht«. Er ist unser Mitmensch, der mit uns im gleichen Dienst steht, der gemeinsam mit uns der christlichen Gemeinde zugehört. Jesus mahnt uns: »Ebenso wird mein himmlischer Vater jeden von euch behandeln, der seinem Bruder nicht von ganzem Herzen vergibt.« (18,35)

Hier wird wieder deutlich, dass es Jesus bei seiner Antwort an Petrus nicht um die Quantität der Vergebung geht, sondern um die Qualität. Es geht um die vollkommene Vergebung, um die Vergebung, die aus dem ganzen Herzen kommt. Wie geht das? Wir müssen das Erbarmen Gottes in unser Herz dringen lassen, in alle Winkel unseres Herzens, dass es keine Ressentiments mehr gibt. Viele meinen, das sei nicht möglich. Sie möchten ja vergeben, spüren aber in sich noch Wut und Schmerz und Trauer. Für mich heißt die Vergebung aus ganzem Herzen, dass ich die vergebende Liebe Gottes gerade in diese negativen Gefühle hineinfließen lasse. Ich darf die Vergebung nicht nur mit meinem Willen vollziehen. Dann würde das Herz nicht mittun. Es wäre immer noch von Bitterkeit und

Hass erfüllt. Damit wir von ganzem Herzen vergeben können, müssen wir die Vergebung Gottes in ihrer Grenzenlosigkeit wahrnehmen, und uns von ihr zur Vergebung befähigen lassen. Wenn ich in der Tiefe meines Herzens erfahren habe, dass ich bedingungslos angenommen bin mit meiner Schuld und meinen Verfehlungen, dann wird die Vergebung auch aus meinem Herzen fließen. Aber ich darf meine Gefühle nicht überspringen. Ich muss sie verwandeln lassen, damit alles in mir an der Vergebung teilhat.

Das Gleichnis von den Arbeitern im Weinberg
(20,1–16)

Jesus versteht die Kunst, so zu erzählen, dass er die Hörer in Bann hält und dass er sie zugleich provoziert. Das Gleichnis von den Arbeitern im Weinberg ärgert die meisten Hörer. Arbeitgeber sagen: »So könnte ich nie mit meinen Arbeitern verfahren. Jesus hat doch keine Ahnung vom heutigen Geschäftsleben.« Arbeitnehmer identifizieren sich mit den Arbeitern aus der ersten Stunde und ärgern sich über die, die erst in der letzten Stunde zur Arbeit kommen. Doch nicht nur Arbeitgeber und Arbeitnehmer stoßen sich an diesem Gleichnis. Christen, die sich darum bemühen, die Gebote Gottes zu halten, sich für die Kirche zu engagieren, ihre Pflichten als Christen zu erfüllen, sind ungehalten über die, die sich an kein Gebot halten und trotzdem in den Himmel kommen. Gerade dort, wo ein Gleichnis uns ärgert, kann Umdenken geschehen. Jesus holt uns mit dem Gleichnis dort ab, wo wir stehen. Er macht uns neugierig. Zugleich verwandelt er unsere Sehweise: Er öffnet uns die Augen für das Geheimnis des Lebens und für das Geheimnis Gottes. Gott ist so anders, als wir ihn uns vorstellen. Er handelt anders, als wir es erwarten. Gottes Gerechtigkeit lässt sich nicht berechnen wie ein Lohnsystem in einem Industrieunternehmen.

Jesus schildert eine Situation, die im Arbeitsalltag Palästinas üblich war. Ein Bauer sucht Saisonarbeiter für seinen Weinberg. Viele große Bauernhöfe wurden damals mit Tagelöhnern bewirtschaftet. Sie waren billigere Arbeitskräfte als Sklaven. Der Arbeitstag beginnt am frühen Morgen. Der Bauer weiß, wo er Arbeiter findet. Und er lädt die, die am Marktplatz stehen, zu sich in den Weinberg. Als Lohn vereinbart er einen Denar. Das war der übliche Lohn für eine Tagesarbeit. Dass der Bauer um die dritte Stunde, also um 9 Uhr nochmals auf den Marktplatz geht, um Arbeiter zu dingen, ist normal. Doch dass er noch zweimal Arbeiter anwirbt, ist schon eher ungewöhnlich. Völlig aus dem Rahmen fällt es jedoch, dass der Weinbergbesitzer um die 11. Stunde wiederum ausgeht, um Arbeiter zu suchen. Es ist genau eine Stunde vor Arbeitsschluss. Das hat keinen ökonomischen Wert. Das Anwerben der Arbeiter um die 11. Stunde schildert uns Matthäus lang und breit. Er zeigt damit, dass hier das eigentliche Ziel des Gleichnisses liegt. Nur mit diesen Arbeitern fängt der Bauer ein Gespräch an: »Was steht ihr hier den ganzen Tag untätig herum?« Und sie antworten: »Niemand hat uns angeworben.« (20,7)

Jesus kann offensichtlich spannend erzählen. Die Spannung steigert er, indem er beim Auszahlen des Lohnes zuerst die kommen lässt, die er zuletzt eingestellt hat. Ihnen gibt der Weinbergbesitzer als Lohn einen Denar. Das ist ein guter Lohn, zumal der Bauer mit ihnen gar keinen Lohn ausgemacht hat. Aber dieser Lohn weckt in den Arbeitern der ersten Stunde Begierden. Obwohl mit ihnen ein Denar als Lohn vereinbart worden ist, erwarten sie nun mehr. Und sie murren, weil auch sie nur einen Denar bekommen. Sie sind nicht zufrieden, sondern vergleichen sich mit den anderen Arbeitern, die weniger gearbeitet haben. Ihre Antwort ist voller Symbolik, und man spürt, dass Matthäus diese Antwort den eifrigen Christen in den Mund legt, die sich darüber aufregen, dass Jesus auch Sünder beruft, dass in der christlichen Gemeinde auch Menschen Platz haben, die nichts vorzuweisen haben. »Diese letzten haben nur eine Stunde gearbeitet, und du hast sie uns gleichgestellt; wir aber haben den ganzen Tag über die Last der Arbeit und die Hitze ertragen.« (20,12) Aus diesen Worten wird deutlich, was die Christen bewegt und wie sie ihr Leben verstehen. Sie sind nicht dankbar dafür, dass sie Arbeit haben, dass ihr Leben gelingt, sondern sie vergleichen sich mit anderen. Sie sehen nicht dankbar auf das, was sie bekommen haben, sondern blicken auf die Geschenke, die Gott auch anderen zuweist. Das Vergleichen macht neidisch und blind für das, was für mich angemessen und gut ist. Und die Christen verstehen ihr Leben als Last und Kampf in der Hitze des Tages. Sie sehen nicht die Lust an der Arbeit, den Erfolg, die Ernte, die sie einbringen und genießen dürfen. Sie sind auf die Lasten fixiert, auf das Schwere, auf die Mühsal, die das Leben mit sich bringt.

Der Bauer spricht den Wortführer mit dem vertrauten Wort »Mein Freund« an. Er verweist ihn auf die Vereinbarung und stellt ihm und mit ihm auch dem Leser, der sich über diese Erzählung ärgert, die Frage: »Darf ich mit dem, was mir gehört, nicht tun, was ich will? Oder bist du neidisch, weil ich (zu anderen) gütig bin?« (20,15) Diese Frage sitzt wie ein Stachel im Herzen des Wortführers, aber ebenso im Herzen des Hörers und des Lesers. Mit dieser Frage beschreibt Jesus sein eigenes Wesen und das Wesen Gottes. Gott ist gütig, aber seine Güte lässt sich nicht verrechnen. Sie ist ungeschuldet. In der Reformationszeit hat man dieses Gleichnis als Sieg der Gnade über alles Lohndenken ausgelegt. Aber das ist wohl auch zu einseitig, denn der Bauer gibt ja jedem, was gerecht ist, was er sich verdient hat. Die Gerechtigkeit Gottes, die im Tun des Weinbergbesitzers aufscheint, übersteigt jedoch alle Berechnung.

Einige Kirchenväter haben dieses Gleichnis als Bild für die Lebenszeit des Einzelnen ausgelegt. Manche Menschen sind von Geburt an Christen, andere bekehren sich in der frühen Jugend, manche erst als Erwachsene oder sogar als Greise. Und die Kirchenväter mahnen dann die Christen der frühen Stunde nicht nachzulassen in ihrem Eifer, während sie den Spätgetauften Trost und Zuversicht zusprechen. Jeder soll seinen eigenen Weg gehen und auf seinem persönlichen Weg Gott dienen, ohne sich mit anderen zu vergleichen. Als Lohn bekommen alle einen Denar. Der eine Denar ist nicht nur der damals übliche Tageslohn, sondern zugleich ein Bild für das Ganzwerden und Einswerden mit Gott. Mehr als Einswerden gibt es nicht. Das ist das Ziel des menschlichen Lebens. Der Weg zu diesem Ziel ist verschieden, für den einen kürzer, für den anderen länger. Diese Deutung war ein Versuch, den Sinn des Gleichnisses in die jeweilige Zeit hinein zu interpretieren. Doch was ist der heutige Sinn dieses Gleichnisses? Mich stellt es vor die Frage, wie ich mein Leben als Christ verstehe. Verstehe ich es nur als Leistung, als mühsame Arbeit, während doch das eigentliche Leben darin besteht, untätig herumzustehen? Oder glaube ich daran, dass durch die Gemeinschaft mit Christus mein Leben sinnvoll und gut wird? Auch die Herausforderung durch die Arbeit kann dem Menschen einen tiefen inneren Frieden schenken, das Gefühl der Sinnhaftigkeit seines Lebens. Wer untätig am Markt herumsteht, ist sicher nicht glücklich. Er fühlt sich oft genug überflüssig. Sein Leben ist sinnlos. Gerufen zu werden, berufen zu werden, geworben zu werden, das macht erst den Wert des Menschen aus. Wenn ich mich auf die Arbeit einlasse, die mir zugemutet wird, ohne mich mit anderen zu vergleichen, dann werde ich beim Arbeiten eins mit mir, eins mit Gott und eins mit den Menschen. Und mehr brauche ich nicht zum Leben. Wenn ich aber von dem, was ich tue, wegschaue und auf die anderen sehe, mich mit ihnen vergleiche, dann bin ich innerlich gespalten und unzufrieden.

Ich höre immer wieder von Christen, dass sie ihr Leben nur als Verzicht verstehen. Die Nichtchristen hätten es besser: Sie brauchten sich an keine Normen zu halten, sie könnten einfach so dahinleben. So eine Sichtweise will Jesus mit seinem Gleichnis in Frage stellen. Sind für den Christen wirklich die Normen das Wichtigste? Liegt sinnvolles Leben nicht darin, in der Gemeinschaft mit Christus den Weg der Menschwerdung zu gehen und zu wissen, dass die Arbeit an mir selbst schon den Lohn in sich trägt? Der Lohn ist nicht etwas Äußeres, das am Ende des Tages ausbezahlt wird, sondern er steckt schon im sinnvollen Leben. Zugleich will Jesus uns durch dieses Gleichnis vor dem Denken bewahren, dass wir uns Gottes Lohn erkaufen könnten. Es kommt nur darauf an, sich von Gott rufen zu lassen. Wann dieser Ruf erschallt, das hängt nicht von uns ab. Wie viel wir arbeiten und uns mühen müssen, das liegt nicht in unserer Freiheit. Das ist allein Gottes Sache. Entscheidend ist, dass wir das Vergleichen aufgeben. Wer sich mit anderen vergleicht, wird blind für den Reichtum seines eigenen Lebens und unzufrieden mit sich selbst. Die Arbeiter der ersten Stunde waren ja froh, dass sie angeworben wurden. So hatten sie die Gewissheit, dass sie ihre Familie ernähren konnten. Gerade durch die provozierende Art, wie Jesus von dem Bauern und seinen Tagelöhnern erzählt, lässt er den Hörer und Leser nicht in Ruhe, sondern zwingt ihn, genauer hinzuschauen, woraus und wozu er denn eigentlich lebt, und wie er sein Leben im Weinberg Gottes versteht.

Das Gleichnis vom königlichen Hochzeitsmahl
(22,1–14)

Martin Luther hat über das Gleichnis vom königlichen Hochzeitsmahl nicht gerne gepredigt. Er nennt es ein »schrecklich Evangelium«. (Luz 3,249) Er meint, der zürnende Gott, der den Eingeladenen in die äußerste Finsternis wirft, kann doch nicht der Vater Jesu Christi sein. Doch auch hier gilt: das Gleichnis lässt uns nicht in Ruhe. Es setzt einen Überlegungsprozess, einen Umdenkungsprozess, eine innere Verwandlung in Gang. Ein Gleichnis – so sagen uns die Sprachwissenschaftler – ist ein Sprachgeschehen. Indem wir uns auf ein Gleichnis einlassen, geschieht etwas mit uns, da ändert sich unsere Sichtweise vom Leben, da wandelt sich unser Gottesbild und unser Menschenbild.

Man kann dieses Gleichnis auf verschiedene Weise deuten. Die übliche ist die heilsgeschichtliche Deutung. Der König, der zum Hochzeitsmahl seines Sohnes einlädt, ist dann Gott, der seinen Sohn Jesus auf die Erde schickt, damit er mit den Menschen Hochzeit feiert. Die Diener, die zum Hochzeitsmahl einladen, sind die Propheten, aber auch die christlichen Glaubensboten. Für einen jüdischen Hörer war es eine Unverschämtheit, dass die Geladenen nicht kommen, denn zum Hochzeitsmahl des Königssohnes geladen zu werden ist eine große Ehre. Die Einladung ergeht auch schon lange Zeit vor der Hochzeit. Die Diener erinnern an die längst geschehene Einladung mit dem Hinweis, dass jetzt alles bereit ist zur Hochzeit, dass es Zeit ist zu kommen. Gott hat Geduld. Er schickt seine Diener nochmals und lockt die Eingeladenen durch die Schilderung des vorbereiteten Hochzeitsmahles und der leiblichen Genüsse. Doch sie kümmern sich nicht um sie. Hier sind weder die Juden im Allgemeinen noch die Pharisäer gemeint, sondern Menschen, die dem Ruf der Propheten und christlichen Glaubensboten nicht folgen, weil ihnen andere Dinge wichtiger sind: der Besitz (der eigene Acker) oder das Geschäft, der Erfolg. Dass andere Eingeladene die Diener umbringen, erscheint uns übertrieben. Aber hier spielt Jesus auf den Prophetenmord an, der in der Geschichte Israels verbreitet war. Manch ein Prophet, der im Namen Gottes sprach, wurde umgebracht, weil sein Wort Umkehr verlangte und daher die Menschen in ihrer Selbstzufriedenheit störte. Dass der König sein Heer aussendet, um die Mörder zu töten, scheint den Rahmen der Einladung zum Mahl zu stören. Vermutlich ist hier die Zerstörung Jerusalems gemeint, die Matthäus als Gericht für die Abweisung Jesu versteht. Nun schickt der König seine Diener nochmals aus, dass sie bis an die Eckpunkte der Straßen, bis an die Enden seines Reiches gehen und alle einladen, Gute und Böse. In der Kirche sind also Gute und Böse. Es gibt keine soziale oder moralische Bedingung, um in das Himmelreich einzutreten. Alle sind eingeladen.

Doch dann kommt der Kontrast, der viele ärgert. Der König sieht sich die Gäste an. Einer hatte kein Hochzeitsgewand. Manche Exegeten meinen, das Hochzeitsgewand sei ein geschenktes Gewand. In Israel sei es Brauch, dem Eingeladenen auch ein Gewand mitzugeben, mit dem er bei der Hochzeit erscheinen könne. Dann wäre das Hochzeitsgewand der geschenkte Glaube. So wird es vor allem in der protestantischen Exegese ausgelegt. Doch Luz meint, diese Auffassung vom geschenkten Gewand sei exegetisch nicht haltbar. Beim antiken Hochzeitsmahl musste man nicht mit einem festlichen, sondern mit einem sauberen Gewand erscheinen. Man musste sich also für die Hochzeit vorbereiten, indem man sein Gewand wusch. Von den Kirchenvätern wurde dieses Gewand verschieden gedeutet: Als die Heiligkeit des Fleisches (Tertullian), als die guten Werke (Hieronymus), als die Liebe (Augustinus) oder als Christus, den die Getauften als Gewand anziehen. Im Gleichnis ist vermutlich gemeint, dass die Einladung reines Geschenk ist, dass der Eingeladene aber seinen Beitrag zu diesem Geschenk leisten muss, indem er sein Gewand säubert, indem er sich um ein »reines Leben« müht. Das Geschenk bedarf einer Antwort. Nur wenn ich mit meiner ganzen Existenz antworte, nehme ich das Geschenk ernst und achte den Schenker. Das Mahl, bei dem Gute und Böse teilnehmen, ist ein Bild für die Kirche, die immer aus Guten und Bösen besteht. Es ist nie die reine Kirche, sondern immer schon die gemischte Kirche, die Kirche der Sünder. Der Sünder hat darin auch Platz. Aber er muss sich mühen, sein Gewand zu reinigen. Wer auf das Geschenk der Gnade nicht antwortet, der wird in die äußerste Finsternis geworfen. Das ist ein Bild für das Endgericht.

Man kann das Gleichnis aber auch als Weg der Menschwerdung für den Einzelnen auslegen. Diese individuelle Auslegung – man könnte sie auch die tiefenpsychologische Auslegung nennen, die alles auf der Subjektstufe auslegt, als Bild für den inneren Weg des Menschen zu Gott – geht auf Origenes zurück. Er stellt diese persönliche Auslegung neben die kirchliche. Beide haben ihre Berechtigung. Origenes deutet das Gleichnis als die »durch die geistliche Hochzeit bewirkte Gemeinschaft des Logos als Bräutigam mit der Seele als Braut«. (Luz 3,247) Durch die Begegnung mit dem Logos empfängt die Seele Unsterblichkeit. Die wahre Begegnung und Einswerdung mit dem Logos geschieht in der Kontemplation, in der geistgewirkten Schau Gottes. Wenn man das Gleichnis so auslegt, dann hat es für jeden eine aktuelle Bedeutung. Es beschreibt den inneren Weg der Selbstwerdung und der Einswerdung mit Gott. Jeder von uns ist zum Hochzeitsmahl geladen. Unsere Berufung als Christ heißt nicht nur, dass wir Gottes Gebote erfüllen, sondern dass wir eingeladen sind, mit Gott in Jesus Christus eins zu werden. Das Ziel unseres Lebens ist die Selbstwerdung, in der wir eins werden mit unserem göttlichen Kern. Doch oft genug gehen wir achtlos mit dieser Einladung um, wir kümmern uns nicht darum. Das erste Mal überhören wir die Einladung, die in den leisen Impulsen unseres Herzens ergeht. Wir ahnen, dass unsere eigentliche Berufung darin besteht, uns in Gott hinein fallen zu lassen, mit Gott eins zu werden. Aber Gottes einladende Stimme ist so leise, dass sie nicht eindringt in unser Bewusstsein. Oder aber – so beschreibt es die zweite Einladung – wir haben wichtigere Dinge im Sinn: die Mehrung des Besitzes und das Streben nach Erfolg, die Geschäfte des Alltags. Ja, manchmal töten wir die inneren Impulse einfach ab. Sie sind uns unangenehm. Sie lassen uns keine Ruhe. Also betäuben wir sie mit Aktivitäten oder töten sie, indem wir sie mundtot machen.

Es ist das Ego, das die Diener des Königs tötet. Das Ego will sich nicht stören lassen in seinem egozentrischen Streben. Doch der König sendet seine Diener nochmals aus. Alles in uns wird eingeladen. Die, die an den Straßen herumstehen, das sind die Armen. Das Arme in uns ist offener für Gott als das Erfolgreiche. Die Diener sollen das ganze Reich durchstreifen und dorthin gehen, wo die Straßen enden. Alle Bereiche unserer Seele, unsere gesamte Lebensgeschichte, auch die Randzonen unseres Unbewussten, alles in uns ist eingeladen, mit Gott eins zu werden. Nichts wird ausgeschlossen, auch das Böse nicht. Das ist eine tröstliche Botschaft. Die einzige Bedingung, die Gott uns stellt, besteht darin, dass wir achtsam mit seiner Einladung umgehen, und dass wir alles, was in uns ist, in Beziehung zu ihm bringen. Das Hochzeitsgewand bedeutet für mich, dass ich den einladenden König achte, dass ich das, was ich habe, auch wenn es noch so arm und zerrissen ist, sorgfältig behandle und es in Beziehung bringe zur Hochzeit. Es geht um Achtsamkeit und Behutsamkeit. Ich muss das Böse nicht aus mir tilgen, aber ich muss es wahrnehmen und es umkleiden mit dem Gewand der Liebe. Ich muss auf alles, was in mir ist, mit einem liebevollen Blick schauen, es Gott hinhalten. Dann darf ich teilnehmen am Hochzeitsmahl. Dann kann alles in mir eins werden mit Gott. Wenn ich jedoch achtlos umgehe mit dem, was ich habe und bin, dann werde ich herausgeworfen aus dem Mahl, dann falle ich aus meiner Mitte und gerate innerlich in Finsternis. Das Übersehene wird zu einer Dunkelheit, die mich verschlingt. Es wird mich innerlich zerreißen. Das ist mit Heulen und Zähneknirschen gemeint. Wenn ich nicht bereit bin, meine Wahrheit anzuschauen und Gott hinzuhalten, wird sie mich zermahlen, zerknirschen. Dann wird mein Leben zu einem Heulen und Klagen. Das Böse wird in mir zu einer Quelle der Traurigkeit und des Weinens, der Verzweiflung und Sinnlosigkeit.

Matthäus betont in seiner Deutung des Gleichnisses, das Jesus erzählt hat, den Vorrang der Gnade vor allem menschlichen Streben. Aber zugleich fordert er den Menschen auch heraus, auf die Gnade zu antworten, durch sein Handeln, durch die Verwandlung seiner Gesinnung und durch die Bereitschaft, das Geheimnis der Gnade ernst zu nehmen. Darin wird wieder sein Bild von der Kirche und vom Menschen sichtbar: Die Kirche ist keine Gemeinschaft der Vollkommenen, sondern der Guten und Bösen, der Starken und Schwachen, der Bewussten und Unbewussten. Der Kirche und den kirchlichen Leitern steht es nicht zu, Menschen aus dem gemeinsamen Gastmahl auszuschließen. Das wird der König, das wird Gott selber tun am Ende der Zeiten. Wie die Kirche ist auch der Mensch nicht eindeutig, sondern voller Gegensätze. Im Menschen gibt es Gutes und Böses, Licht und Dunkel, Bereitschaft und Verweigerung. Matthäus mahnt uns bewusst wahrzunehmen, was in uns ist, und darüber das Kleid zu ziehen, das Gott uns anbietet, das Kleid bedingungsloser Liebe, die uns annimmt, wie wir sind. Wenn wir unbewusst so weiter leben, ohne das beste Kleid anzuziehen, das uns zur Verfügung steht, dann wird unsere Lebensverweigerung zur Selbstzerstörung, zum Heulen und Zähneknirschen.

Worte gegen die Schriftgelehrten und die Pharisäer (23)

Die Weherufe Jesu gegenüber den Schriftgelehrten und Pharisäern wurden in der Geschichte des Christentums immer wieder als Rechtfertigung antisemitischer Haltungen herangezogen. Daher müssen wir heute vorsichtig sein, diese Worte Jesu zu deuten. Dieses Kapitel hat sicher dazu beigetragen, ein Zerrbild des Judentums und der Pharisäer zu entwickeln. Geschichtlich ist die Schärfe dieses Kapitels erklärbar aus dem Ausschluss der christlichen Gemeinde durch die Schriftgelehrten auf der Synode von Jamnia nach der Eroberung Jerusalems. Nach der Zerstörung Jerusalems waren die Pharisäer die einzige religiöse Gruppierung, die im Judentum übrig blieb und es prägte. Die Gemeinde des Matthäus hat den Ausschluss aus der Synagoge schmerzhaft erlebt. Jesus selbst hatte durchaus gute Beziehungen zu Pharisäern: Er diskutierte mit ihnen und wurde von ihnen zum Mahl eingeladen. Er hat sich auch mit ihnen auseinandergesetzt und sah manches anders als sie. Aber jüdische Ausleger betonen, dass die andere Meinung Jesu durchaus innerhalb der pharisäischen Auseinandersetzungen um das rechte Verständnis des Gotteswillens blieb. Es war kein Bruch Jesu mit der jüdischen Tradition, sondern eine besondere Akzentuierung bestimmter Auslegungsmöglichkeiten. Auch manche Kritik in diesem 23. Kapitel an einzelnen Schriftgelehrten wurde so von jüdischer Seite ähnlich geäußert. Geschichtlich hat das Judentum nur überlebt, weil die Schriftgelehrten und Pharisäer nach der Katastrophe im Jahre 70 »das gesamte Leben in strengste Vorschriften eingefügt und so die alte Tradition bewahrt« haben. (Schweizer, 291) Umgekehrt musste sich die junge Bewegung Jesu, »die die Gegenwart des Geistes, den Neuaufbruch der Prophetie, die große Befreiung zur Liebe erfahren hatte« (ebd. 291), ebenso radikal von dieser pharisäischen Neuinterpretation des Judentums abgrenzen.

Wenn wir heute das 23. Kapitel und die Weherufe gegen die Pharisäer auslegen, dann müssen wir es im Sinn des Matthäus tun, der immer schon die christliche Gemeinde im Blick hatte. Matthäus leitet Jesu Rede mit den Worten ein: »Darauf wandte sich Jesus an das Volk und an seine Jünger.« (23,1) Die Worte Jesu sind also an die christliche Gemeinde gerichtet, und nicht an die Schriftgelehrten und Pharisäer. Matthäus schrieb das 23. Kapitel nicht, »weil es ihm abschließend um ein besonders negatives Urteil über die Pharisäer gegangen wäre, sondern weil er seine christlichen Leser zu einem ganz bestimmten Verhalten bewegen wollte«. (Limbeck, 256) Es geht ihm nicht darum, die damals lebenden Pharisäer zu verunglimpfen, sondern auf die Gefahr hinzuweisen, die sich in jeder religiösen Gemeinschaft breit macht: die Gefahr, sich hinter Vorschriften und Geboten zu verstecken, die Gefahr, andere geistlich zu missbrauchen, unter religiösem Vorwand Macht über andere auszuüben, und die Gefahr, durch Moralisieren von seinen eigenen menschlichen Schwächen abzulenken, den anderen Bürden aufzuladen, die man selbst nicht zu tragen vermag. In der Kirchengeschichte sehen wir diese »pharisäischen« Tendenzen immer wieder durchbrechen. Da gibt es die ärgerliche Kluft zwischen Anspruch und Wirklichkeit. Da traten immer wieder Moralisten auf, die den Menschen Höllenpredigten hielten, selbst aber nicht lebten, was sie anderen vorschrieben. Für mich ist das Kapitel 23 hochmodern, denn es zeigt uns die Gefahr geistlichen Missbrauchs auf, der heute vor allem in spirituellen Gruppen, in fundamentalistischen Kreisen und in sektenähnlichen Gemeinschaften weit verbreitet ist.

Jesus bestätigt die Autorität der Schriftgelehrten und Pharisäer. Was sie lehren, ist durchaus richtig. Doch er wirft ihnen vor, dass sie keinen Finger rühren, »um die Lasten wegzuschaffen« (nicht wie in der Einheitsübersetzung: »um die Lasten zu tragen«). Sie unternehmen nichts, um das Gesetz so auszulegen, dass es dem Menschen nicht zur unnötigen Last wird. Sie haben kein wirkliches Interesse am Menschen, weil sie ihr Leben nicht teilen, sondern sich über sie stellen. Diese Gefahr bestand nicht nur damals für die Pharisäer, sie stellt sich vielmehr jedem Schriftgelehrten und Theologen, jedem Seelsorger und jeder Seelsorgerin. Jesus mahnt uns, unsere Verkündigung daraufhin zu befragen, ob wir wirklich an den Sorgen und Nöten der Menschen teilhaben oder ob wir uns damit begnügen, eine abstrakte Theologie und überfordernde Moralvorschriften zu verkünden, die dem Menschen nicht gerecht werden. Jesus will eine barmherzige und keine menschenverachtende Theologie, eine barmherzige Moral und keine, die knechtet und ein schlechtes Gewissen hervorruft.

Die Worte Jesu gelten nicht nur für die Amtsträger in der Kirche, sondern für jeden Christen, für jeden, der sich auf einen spirituellen Weg macht, denn wir alle sind in Gefahr, zu beten und zu meditieren, um von anderen gesehen zu werden. Das geschieht bei uns sicher nicht so äußerlich, dass wir nur in die Kirche gehen, um von anderen anerkannt zu werden. Der Kirchgang ist heute kein Weg mehr, um Anerkennung zu bekommen. Bei allem spirituellen Tun schleicht sich jedoch leicht die Haltung ein: »Ich bin besser als die anderen, die so unbewusst leben. Ich habe mehr Tiefe. Ich gehe den richtigen Weg.« Und schon stelle ich mich mit meiner Spiritualität über andere. Ich missbrauche meine Frömmigkeit, um mein Selbstwertgefühl zu steigern, um meinen inneren Problemen aus dem Weg zu gehen und um mich besser zu fühlen. Anstatt mich meiner Menschlichkeit zu stellen, identifiziere ich mich mit hohen spirituellen Idealen. Das gibt mir das Gefühl, etwas Besonderes zu sein, ein spiritueller Mensch zu sein, der es nicht nötig hat, sich mit Banalitäten auseinander zu setzen. In diesem Sinn verstehe ich die Verse 5–7. Sie warnen mich vor dem religiösen Narzissmus, dem es nur um die eigenen Gefühle geht, der Gott für das eigene Wohlbefinden benutzt.

Ab Vers 8 wendet sich Jesus direkt an die christliche Gemeinde und ihre Leiter: »Ihr aber sollt euch nicht Rabbi nennen lassen; denn nur einer ist euer Meister, ihr alle aber seid Brüder.« Rabbi ist ein Ehrentitel und heißt »mein Gebieter« oder »mein Großer«. Vermutlich wurde diese Anrede nicht nur für Pharisäer verwendet, sondern auch innerhalb der christlichen Gemeinde. Matthäus kämpft nicht gegen die Schriftgelehrten in der christlichen Gemeinde, denn jede Gemeinde braucht auch Gelehrte, die sich in der Heiligen Schrift auskennen und sie für die Gemeinde auslegen. Das Matthäusevangelium zeigt uns, dass es in der Gemeinde damals Schriftgelehrte gab, war doch der Evangelist selbst ein Schriftgelehrter. Matthäus wendet sich gegen die Vorliebe mancher Schriftgelehrter für Titel und Machtansprüche. Die christliche Gemeinde besteht ausschließlich aus Brüdern und Schwestern. Alle stehen gleich unter dem einen Lehrer: Christus. Das Wort »adelphoi = Brüder« meint sowohl die Gleichheit der Christen als auch ihre Solidarität untereinander.

Die Christen sollen sich auch nicht gegenseitig »Vater« nennen. Mit Vater bezeichnet man nicht nur den leiblichen Vater, sondern auch Respektspersonen, Lehrer und Wohltäter. Der Christ soll sich nicht zum Sohn oder zur Tochter von Menschen machen. Er ist vielmehr Sohn und Tochter Gottes. Ihm verdankt der Christ sein Leben, nicht einem Menschen, nicht einem Guru. Es ist offensichtlich eine weit verbreitete Gefahr, dass sich Menschen von einem Meister abhängig machen, dass sie glauben, ihm würden sie ihr Leben, ihre Erfahrung, ihre Spiritualität, ihre Heilung und Rettung verdanken. Wenn wir durch Menschen neues Leben erfahren, kommt es immer von Gott, dem wahren Vater. Der letzte Satz scheint eine Wiederholung zu sein: »Auch soll ihr euch nicht Lehrer nennen lassen; denn nur einer ist euer Lehrer, Christus.« (23,10) Rabbi ist ja auch schon der Lehrer. Doch hier verwendet Matthäus das griechische Wort »kathegetes«. Offensichtlich bezieht sich Matthäus hier auf die griechisch gebildeten Glieder seiner Gemeinde. Der Ausdruck »kathegetes« wurde für Aristoteles gebraucht. Es meint den Lehrer der Philosophen, den »geistigen Berater und Gewissensleiter«. (Grundmann, 486f) Kein Mensch darf über unser Gewissen bestimmen. Das ist allein Sache Gottes und Sache Jesu Christi. Kein geistlicher Begleiter darf uns sagen, was wir tun müssen, sondern allein Christus. Christus ist der innere Lehrer, der innere Meister, der uns auf Gott unseren Vater verweist, von dem wir alles Leben haben.

Die Worte Jesu in Mt 23,8–10 sind eine ständige Mahnung an jeden Christen, sich nicht von Menschen abhängig zu machen. Sie sind aber auch ein bleibender Stachel für die Kirche, die sich im Laufe der Jahre doch zu einer hierarchischen Kirche entwickelt hat. Offensichtlich ist es nicht möglich, auf Strukturen zu verzichten. Dennoch bleibt die Kirche mit ihrer Hierarchie unter dem Wort Jesu. Luz rebelliert zurecht dagegen, den Widerspruch zwischen Anspruch und Wirklichkeit in der Kirche dadurch aufzulösen, dass man die Macht vorschnell als Dienst bezeichnet und die Hochgestellten mit Bruder anredet. Es bedarf einer grundsätzlichen Infragestellung kirchlicher Macht und Machtstrukturen. Offensichtlich kommt keine Gemeinschaft ohne Machtstrukturen aus, diese müssen aber immer wieder relativiert werden und sich unter den einen Gott und einen Lehrer und Meister Jesus Christus stellen. Wenn man in der Kirche zuviel vom Dienst des Bischofs und des Papstes spricht, verschleiert man die Macht, die dann de facto oft unkontrollierter und radikaler ausgeübt wird als in weltlichen Bereichen, wo man die Macht beim Namen nennt und gerade so begrenzt und relativiert.

Die Weherufe möchte ich nicht im Einzelnen auslegen, sondern sie als Warnung vor geistlichem Missbrauch verstehen, der heute vor allem in der persönlichen geistlichen Begleitung, aber auch bei manchen spirituellen Gurus innerhalb und außerhalb der Kirche geschieht, die ein Geschick haben, Menschen für Christus zu begeistern, die Begeisterung aber unbewusst ausnutzen, um die Menschen an sich zu binden. Matthäus rechnet damit, dass es auch in der christlichen Gemeinde Schriftgelehrte gibt, die die Botschaft Jesu im Blick auf das Alte Testament auslegen. Auch für die christlichen Schriftgelehrten gilt der Weheruf, dass sie zwar über das Himmelreich reden, aber nicht in es eintreten. Sie lassen sich nicht wirklich auf Gott und seine Herrschaft ein. Sie möchten mit ihrem Reden über Gott herrschen und wissen genau über Gott Bescheid. Weil sie selbst nicht eintreten, hindern sie auch ihre Schüler, ins Himmelreich einzutreten. (23,13)

Der zweite Weheruf (23,15) zielt auf spirituelle Lehrer, die andere von sich abhängig machen und sie dadurch zu blindem Fanatismus verführen. Diese Erfahrung haben damals sicher nicht nur die Christen gemacht, denen gegenüber die von jüdischen Missionaren neu Bekehrten besonders hart auftraten. Diese Erfahrung gilt auch heute. Fanatische Anhänger spiritueller Lehrer sind intolerant. Sie lassen sich für alles Böse missbrauchen: Sie werden zu Selbstmordattentätern, sie beschimpfen Andersgläubige, sie sind unduldsam und rechthaberisch.

Der dritte Weheruf fällt aus dem Rahmen. Matthäus verzichtet auf die sonst immer gleiche Einleitung. Jetzt spricht er nur die »blinden Führer« an und deckt ihnen auf, wie sie den Sinn des Religiösen verfälschen, indem sie sich an kleinliche Vorschriften halten, beispielsweise unter welchen Umständen ein Eid eine absolute Gültigkeit hat. (23,16–22) Uns scheint diese Auseinandersetzung fremd zu sein. Aber wir erleben heute ähnliche Verzerrungen des Religiösen. Da werden äußere Regeln wichtiger als der Sinn der Frömmigkeit. Oft genug wird durch solche kleinlichen Festlegungen das zwanghafte Denken genährt. Menschen werden in religiöse Zwänge hineingeführt, aus denen sie nur schlecht wieder herausfinden.

Das vierte Wehe bezieht sich auf die Abgabe des Zehnten, die durch die Schriftgelehrten gegenüber dem ursprünglichen Gebot aus dem Buch Deuteronomium (Dt 14,23) verschärft worden ist. Jesus ist nicht gegen die Praxis des Zehnten. Man könnte sagen: Er ist nicht gegen die Kirchensteuer. Aber er macht den Schriftgelehrten den Vorwurf, dass sie vor lauter Kirchensteuerregelungen das Eigentliche vergessen: »Gerechtigkeit, Barmherzigkeit und Treue.« (23,23) Das Entscheidende bei allem religiösen Tun besteht für Jesus wie für Matthäus in diesen drei Haltungen, die das Hauptgebot der Liebe umschreiben. Ohne Liebe nützt alles religiöse Tun nichts. Das karikiert Jesus mit dem Sprichwort, dass die Pharisäer beim Weintrinken zwar die Mücken durch ihr Sieb (oder Tuch, wie es damals üblich war) abhalten, doch das Kamel, das wie die Mücken als unreines Tier galt, verschlucken. Durch ihre Fixierung auf Kleinigkeiten merken sie gar nicht, wie sich in ihre Frömmigkeit Unreines mischt, ja wie sie sich am Kamel verschlucken.

Das fünfte Wehe nimmt das Reinigen des Bechers als Bild für den Menschen. Es hat wenig Zweck, nur das Äußere zu reinigen. Der Mensch soll nach innen schauen. Dort sind Raub und Maßlosigkeit. (23,25) Das bezieht sich einmal auf die Habgier der Pharisäer, die das Gut den Armen rauben. Aber es könnte auch eine spirituelle Gefahr bedeuten. Man möchte Gott für sich besitzen. Die Spiritualität wird missbraucht, um die eigene Maßlosigkeit zu bestätigen und sich vor anderen besonders interessant zu machen. Man begnügt sich nicht mit seinem Menschsein, sondern möchte sich mit spiritueller Ideologie über alles stellen, letztlich sogar über Gott. Jesus ist sensibel für den Missbrauch Gottes. Gott will im Menschen herrschen. Er lässt sich nicht dazu benutzen, dass der Mensch sich über sein Menschsein erhebt.

Das sechste Wehe führt diesen Zwiespalt zwischen Innen und Außen fort. Hinter der äußeren Fassade von Reinheit liegen im Innern des Herzens tote Knochen herum, Unreinheit, Gesetzlosigkeit und Heuchelei. Hier geißelt Jesus eine Art von Frömmigkeit, die auch heute weit verbreitet ist. Bei manchen frommen Menschen erschrickt man vor dem Unrat in ihrem Herzen. Da sind wirklich tote Knochen, da ist der Hang zur Nekrophilie, zum Verwesen, zum Zerstören. Da ist viel Totes in ihnen begraben. Daher geht von ihnen ein Geruch des Todes aus. Ihre Frömmigkeit dient nicht dem Leben, sondern dem Tod. Sie verbreiten durch ihre Aggressivität um sich herum nur Zerstörung und töten alle Keime des Lebens ab. Sie haben Angst vor dem Leben und geißeln es sofort als unmoralisch. Solche nekrophile Frömmigkeit erkennt man an der Sprache: Es wird ständig von Tod und Teufel, von Untergang und schrecklichem Gericht gesprochen.

Der letzte Weheruf behandelt das Verhältnis zu den Vä-

tern. Die Pharisäer distanzieren sich von den Propheten-
morden ihrer Väter, aber Jesus wirft ihnen vor, dass sie
nur das Maß ihrer Väter voll machen. Hier wird der kriti-
sche Umgang mit der Vergangenheit thematisiert. Wir
müssen heute sensibel damit umgehen, wem aus der Vergangenheit wir Denkmäler bauen, wen wir als Vorbild
hinstellen. Wenn wir die Märtyrer verehren, kann das
auch dazu führen, dass wir sie als Alibi nehmen gegenüber den mörderischen Tendenzen, die wir in uns genauso
haben wie die Mörder der frühchristlichen Heiligen oder
die Henker der Widerstandskämpfer im Dritten Reich.
Wenn wir Theologen als Heilige verehren, müssen wir zugleich kritisch hinsehen, was sie mit ihrer Theologie bewirkt haben, ob von ihnen Segen ausgegangen ist oder
Unheil, sonst wiederholen wir die Geschichte. Wir möchten uns zwar von den negativen Taten unserer Väter distanzieren, merken aber nicht, dass wir genauso sind wie
sie. Das gilt schon von der persönlichen Vatergeschichte.
Wer ganz anders sein möchte als sein Vater lebt oft unbewusst die Seiten aus, die er beim Vater ablehnt. Gleiches
gilt von der Geschichte eines Volkes oder einer Kirche. Jesus will uns zur kritischen Distanz gegenüber der Vergangenheit aufrufen und zur Gewissenserforschung, ob wir
nicht genauso sind und handeln wie die Prophetenmörder
aus unserer Geschichte.

So sind alle sieben Weherufe Mahnungen an uns, unser
Gewissen zu erforschen, wo wir unsere Spiritualität miss-
brauchen, um uns vor anderen gut darzustellen bzw. wo
wir andere von uns abhängig machen, um mit unserer
Religiosität Macht über sie auszuüben. Keine religiöse
Gruppe ist vor geistlichem Missbrauch geschützt. Dieser
Missbrauch kann sich in konservative und progressive
Gruppierungen einschleichen, in kirchliche Bereiche und
in die New-Age-Szene. Überall gibt es Menschen, die auf
ihrem spirituellen Weg nicht frei werden von ihrem Ego,

sondern denen ihre Spiritualität dazu dient, ihr Ego aufzublähen und es unangreifbar zu machen gegenüber jeglicher Kritik. Die Lateiner sagten schon: »Corruptio optimi pessima = Wenn das Beste verdorben wird, ist es am schlimmsten.« Wenn die Spiritualität missbraucht wird, entsteht für die Menschheit größtes Unheil.

Das Gleichnis von den zehn Jungfrauen (25,1–13)

Wohl kaum ein Gleichnis hat in der Auslegung und in der Kunstgeschichte eine solche Wirkung entfaltet wie das von den zehn Jungfrauen. Schon im 4. Jahrhundert werden in Rom auf einem Fresko die klugen Jungfrauen dargestellt. Die Romanik und Gotik bildet die klugen und törichten Jungfrauen vor allem auf Marienportalen ab. Offensichtlich gaben sowohl die klugen als auch die törichten Jungfrauen den Lesern und Beschauern die Möglichkeit, sich mit ihnen zu identifizieren. Das Gleichnis spielt auf jüdische Hochzeitsbräuche an. Doch zugleich gibt es darin Motive, die den damaligen Hochzeitsritualen widersprechen, so etwa das Motiv der verschlossenen Tür.

Man kann das Gleichnis auf verschiedene Weise auslegen. Ich kann es verstehen als Schilderung des letzten Gerichts oder meiner Begegnung mit Christus, dem Bräutigam in meinem Tod. Dann will mich das Gleichnis ermahnen, bewusst zu leben und wachend das Kommen des Herrn zu erwarten.

Ich kann es aber auch auslegen auf das Kommen Jesu in jedem Augenblick. Wenn Jesus kommt, dann feiert er Hochzeit mit mir, dann werde ich ganz eins mit mir selbst, dann werden die Gegensätze in mir: Mann und Frau, Licht und Dunkel, Tag und Nacht, Gott und Mensch miteinander eins. Dann feiere ich das Fest der Selbstwerdung und der Einswerdung mit Gott. Das ist das Ziel unseres

Lebens. Es ist geprägt von Freude, von Fest und Feiern. Das Gleichnis beschreibt uns den Weg zum Fest unserer Selbstwerdung.

Zehn Jungfrauen machen sich auf den Weg, um den Bräutigam abzuholen und zur Braut zu führen. Sie nehmen Fackeln mit, wohl Gefäßfackeln, »bei denen auf einer Stange ein Feuergefäß aufgesteckt war, in dem vermutlich ölgetränkte Lappen brannten«. (Luz 3,471) Diese Fackeln hatten eine kurze Brenndauer. Man musste ständig Öl nachgießen, damit sie länger brannten. Die Jungfrauen warteten mit ihren Fackeln vermutlich im Haus der Braut. Als nun der Ruf erschallt, dass der Bräutigam kommt, machen sie ihre Fackeln zurecht. Da erst merken die törichten Jungfrauen, dass sie kein Öl mitgenommen haben. So können ihre Fackeln nicht brennen oder nur ganz kurz. Die Exegeten, die von Öllampen ausgehen, deuten diese Szene so, dass die Öllampen die ganze Zeit gebrannt haben. Die törichten Jungfrauen haben einfach nicht mit der Verzögerung des Bräutigams gerechnet. Die anderen Exegeten meinen, die Jungfrauen hätten erst beim Ruf, dass der Bräutigam kommt, ihre Fackeln angezündet. Dabei merkten die törichten Jungfrauen, dass sie kein Öl dabei hatten. Sie hätten den Tanz bei der Abholung des Bräutigams gar nicht zu Ende tanzen können. Im ersten Fall bezieht sich das Törichtsein auf das Nichtrechnen mit der Verzögerung der Wiederkunft Christi. Im zweiten Fall würde töricht sein heißen: gedankenlos in den Tag leben, nicht sorgfältig mit dem umgehen, was für meine Aufgabe wichtig ist, die Fackeln nur halb ausstatten, unzuverlässig sein. Ich schließe mich der zweiten Meinung an. Die klugen Jungfrauen bereiten sich sorgfältig für den Brauttanz vor, die andern nur schlampig und halbherzig.

Die Gegenüberstellung von klug und töricht ist typisch für Jesu Gleichnisse. Da ist der kluge und der törichte

Mann, der sein Haus auf den Felsen bzw. auf Sand baut. (Mt 7,24–27) Da ist der törichte reiche Mann, der nicht mit seinem frühen Ableben rechnet. (Lk 12,16–21) Und da ist der ungerechte Verwalter, der gelobt wird, weil er klug ist. (Lk 16,1–18) Das griechische Wort für töricht »moros« heißt: »stumpfsinnig, dumm«. Es bezeichnet ein Handeln, das der Sache nicht angemessen ist, einen Mangel an vernünftiger Überlegung. Torheit kann eine Macht sein, die den Verstand verwirrt und den Menschen zu wahnwitzigem Verhalten verleitet. (Bertram, 837f) Das griechische Wort für klug, »phronimos«, kommt von »phrenes = Zwerchfell, das Innere des Menschen, Bewusstsein, Verstand«. Die klugen Jungfrauen sind also die, die sich von ihrer inneren Einsicht leiten lassen, die einen gesunden Menschenverstand haben. Bei Plato ist der kluge und besonnene Mensch immer auch der gute, während der törichte der böse ist. Wer besonnen ist, der richtet seinen Sinn auf das Göttliche. Im Gleichnis sind die törichten Jungfrauen die, die ihre Augen vor der Wirklichkeit verschließen, während die klugen Jungfrauen die Lage richtig einschätzen. Für sie ist die äußere Realität ein Bild für die innere Wirklichkeit, für ihre Beziehung zu Gott.

Wenn Jesus sein Gleichnis auf dem Hintergrund jüdischer Hochzeitsbräuche erzählt, haben die Zuhörer sicher die Ohren gespitzt, denn die Erzählung von einer Hochzeit lässt bei jedem Zuhörer das Herz höher schlagen. Jesus zieht die Zuhörer mit seiner Art zu erzählen in Bann. Doch dann verfremdet er die Hochzeitsszene. Er provoziert seine Zuhörer. Er macht sie hellhörig und bei manchem erzeugt er Ärger, wenn er auf einmal davon spricht, dass die klugen Jungfrauen sich weigern, den törichten von ihrem Öl zu geben. Noch heute reagieren viele Hörer auf diese Verhaltensweise der klugen Jungfrauen sofort mit einer moralischen Verurteilung. Warum teilen die klugen Jungfrauen ihr Öl nicht mit den törichten? Das ist doch Egoismus. Sie hätten doch ihre Freude mit den anderen teilen sollen. Jesus beurteilt aber das Verhalten der klugen Jungfrauen nicht. Es ist einfach so. Jesus appelliert mit dem Gleichnis an die Zuhörer: »In dem Augenblick, auf den alles ankommt, könnt ihr euch nicht auf die anderen verlassen. Wenn ihr unbewusst lebt, dann könnt ihr euch nicht damit herausreden, dass die anderen euch die Augen öffnen.« Es ist ein Mahngleichnis, das ähnlich wie ein Mahntraum zu deuten ist. Da wird nicht das Verhalten anderer gerechtfertigt, sondern die Konsequenz des eigenen Verhaltens aufgezeigt. Wenn ich unbewusst in den Tag hinein lebe, dann stehe ich im entscheidenden Augenblick mit leeren Händen da.

Seit jeher haben sich die Ausleger Gedanken gemacht, wie man das Öl deuten solle. Viele deuten Öl als die guten Werke, die zum Glauben (dafür stehen die Fackeln) hinzukommen sollen. Augustinus deutet das Öl als die Gesinnung, aus der heraus der Christ handeln soll. Das Öl ist für ihn Bild für die Liebe. Die Gesinnung kann ich mit anderen nicht teilen. Die klugen Jungfrauen können den törichten nicht von ihrer Liebe mitteilen. Ich kann Brot und Wein mit anderen teilen, weltlichen und geistlichen Besitz. Aber ich kann meine eigene Gesinnung nicht dem anderen aufdrängen. Sie ist Aufgabe jedes Einzelnen. So ist für Augustinus das Gleichnis Mahnung, in uns die Liebe zu wecken, die schon in uns ist, von der wir aber oft genug abgeschnitten sind. Eine Frau, die über das Öl in ihrem Leben nachgedacht hat, meinte in einer Runde: Mit Öl werden die Speisen verfeinert, und mit Öl salbe ich meinen Körper. Sie sah im Gleichnis die Erlaubnis Jesu, sich selbst etwas zu gönnen, gut mit sich umzugehen und nicht ständig mit einem schlechten Gewissen herumzulaufen. Jeder wird das Öl anders deuten, je nachdem, welche Erfahrung er damit gemacht hat. Und es ist legitim, dass jeder sich von seinem Erfahrungshorizont aus in das Gleichnis hineinmeditiert.

Die klugen Jungfrauen verweisen die törichten auf die Händler, bei denen sie das Öl kaufen sollen. Seit Augustinus wird diese Aufforderung der klugen Jungfrauen ironisch verstanden. In der Nacht gibt es gar keine Möglichkeit, bei den Händlern einzukaufen. Da sind die Läden verschlossen. Dann würde Jesus mit diesem Bild sagen: Im entscheidenden Augenblick können wir nicht kaufen, was wir nie in uns entwickelt haben. Die Liebe lässt sich nicht kaufen. Sie muss in uns wachsen. Wir müssen an ihr arbeiten, damit sie all unser Handeln bestimmt. Andere Exegeten gehen davon aus, dass bei einer Hochzeit das ganze Dorf auf den Beinen und es daher auch möglich sei, bei Händlern Öl zu kaufen. Dann wäre allein das Motiv der Verspätung tragend. Wenn ich nicht im Augenblick lebe, wenn ich mich nicht klug auf das einlasse, was gerade dran ist, dann komme ich für das Entscheidende im Leben zu spät.

Die törichten Jungfrauen stehen vor verschlossenen Türen. Das jüdische Hochzeitshaus steht normalerweise für alle Gäste offen. Da kann man zu jeder Zeit kommen. Das Motiv der verschlossenen Tür und des Zuspätkommens verfremdet also die Erzählung von der Hochzeit. Aber es sind wichtige Motive, die häufig in unseren Träumen auftauchen: Zuspätkommen bedeutet im Traum, dass ich noch in Problemen meiner Vergangenheit hänge, dass ich noch zu sehr mit den Verletzungen der Vergangenheit beschäftigt und so unfähig bin, im Augenblick zu leben. Und verschlossene Türen weisen darauf hin, dass ich keine Beziehung habe zu meinem Inneren, zu meinem wahren Selbst. Im Judentum sind die verschlossenen Türen sprichwörtlich für verpasste Gelegenheiten. (Gnilka, 352) Wenn ich von Zuspätkommen und von verschlossenen Türen träume, bedeutet das nie, dass das so sein muss. Es sind vielmehr Mahnträume, die mich auffordern möchten, aufzuwachen, mich auf den Augenblick einzulassen und in Berührung zu kommen mit meiner Seele und meinem Herzen. Wenn ich zu lange unbewusst draußen in der Welt herumlaufe, ohne Beziehung zu meinem Selbst, dann kann es sein, dass es irgendwann einmal zu spät ist. Ich bin so sehr von mir getrennt, dass ich keine Beziehung mehr aufbauen kann. Damit es nicht so weit kommt, erzählt Jesus dieses Gleichnis.

Wir sollen wachsam sein, im Augenblick sein. Wir sollen die Augen öffnen, damit wir die Wirklichkeit erkennen, wie sie ist. Und wir sollen klug sein. Die Klugheit wird von den Kirchenvätern dahingehend verstanden, dass wir die Worte Jesu nicht nur hören, sondern sie auch befolgen. In diesem Sinn hat Matthäus das Gleichnis Jesu vom klugen Mann, der sein Haus auf den Felsen baute, an den Schluss der Bergpredigt gesetzt. Für Matthäus bedeutet christliches Leben nie nur, irgendwelchen Ideen zu folgen, sondern konkret im Alltag die Worte Jesu zu erfüllen und ihnen mit Werken der Liebe zu antworten. Glaube und Werke gehören für Matthäus zusammen. So entfaltet er uns eine andere Theologie als Paulus. Er setzt einen Akzent, den er seiner Gemeinde immer wieder in Erinnerung ruft. Der Glaube braucht Ausdruck, sonst zerfließt er.

Das Gleichnis vom anvertrauten Geld (25,14–30)

Das Gleichnis vom anvertrauten Geld erregt in vielen Hörern Unwillen. Sie haben instinktiv Mitleid mit dem dritten Knecht, der zu kurz gekommen ist, nur ein Talent bekommen hat und dafür auch noch bestraft wird. Jesus lädt sie bewusst dazu ein, sich mit dem dritten Knecht zu solidarisieren, um ihnen die Augen dafür zu öffnen, wie

Leben wirklich gelingen kann. Wenn wir wie der dritte Knecht unser Talent vergraben, verweigern wir unser Leben. Oft genug ist dieses Gleichnis von Auslegern missbraucht worden. Von Lehrern ist es instrumentalisiert worden, um die Schüler zu mehr Leistung anzutreiben. Sie sollen ihre Talente entfalten. Doch Jesus geht es in diesem Gleichnis nicht um Leistung, sondern um das Thema Vertrauen und Angst. Die beiden ersten Knechte wirtschaften mit den Talenten, die ihnen der Herr anvertraut hat. Sie werden nicht für ihre Leistung belohnt, sondern für ihr Vertrauen. Wer mit Geld wirtschaftet, geht immer auch ein Risiko ein, dass er das Geld verliert. Es gibt kein Wirtschaften ohne Risiko. Wer das Risiko scheut, der vergräbt sein Talent wie der dritte Knecht. Das Gleichnis erzählt uns genau, warum der dritte Knecht sein Talent vergraben hat. Er fühlt sich zu kurz gekommen, benachteiligt gegenüber den anderen Knechten. Er hat weniger bekommen als sie. Er vergleicht sich mit ihnen und verweigert sein Leben, weil er nicht so gut ausgestattet worden ist wie seine Mitmenschen.

Der zweite Grund, warum er sein Talent vergräbt, ist sein Gottesbild: »Ich wusste, dass du ein strenger Mann bist; du erntest, wo du nicht ausgestreut hast; weil ich Angst hatte, habe ich dein Geld in der Erde versteckt.« (25,25) Der dritte Knecht hat das Bild eines strafenden und richtenden Gottes vor Augen, eines strengen Herrn, der keinen Fehler durchgehen lässt. Vor diesem Gott hat er Angst. Jesus will den Hörern sagen: »Wenn du so ein negatives Gottesbild hast, wenn Du Dir Gott als strengen Buchhalter vorstellst und als einen willkürlichen Gott, der erntet, wo er nicht gesät hat, dann wird dein Leben jetzt schon Heulen und Zähneknirschen sein. Und wenn Du Angst hast vor Gott, dann wird die Angst dich jetzt schon lähmen und dich am Leben hindern. Ein krankes Gottesbild macht dich krank.«

Der dritte Grund, warum der letzte Knecht sein Talent vergräbt, ist das Sicherheitsdenken. Weil er sich benachteiligt fühlt, will er auf keinen Fall etwas von dem verlieren, was er hat. Und er will keinen Fehler machen, damit er von niemandem kritisiert werden kann. Aber gerade weil er keinen Fehler machen will, macht er alles falsch. Gerade weil er alles kontrollieren möchte, gerät ihm sein Leben außer Kontrolle. Er, der an sich und seinem Talent festhalten will, verliert zum Schluss alles, sein Talent und sich selbst.

Der Herr nennt diesen Knecht »böse und ängstlich«, und nicht »faul«, wie die Einheitsübersetzung meint. Aus Angst hat der Knecht nichts unternommen. Er ist zögerlich und ängstlich und kann sich für nichts entscheiden. Der Herr macht ihm zum Vorwurf, dass er auch anders auf sein Bild vom strengen Herrn hätte handeln können. Er hätte sein Geld wenigstens auf die Bank bringen können. Dann hätte es Zinsen gebracht. Die waren damals bis maximal 12 Prozent hoch. Es wäre also ein bescheidener Gewinn gewesen. Doch der Knecht hat sich als unbrauchbar erwiesen, mit Geld umzugehen. Daher wird ihm das Talent genommen und dem anderen gegeben. Das erregt häufig Unwillen bei den Hörern. Oft höre ich die Reaktion: »Das ist doch ungerecht. Der Knecht ist sowie schon benachteiligt. Dafür kann er doch nichts. Jetzt wird ihm alles genommen.« Jesus will mit dieser Reaktion jedoch die Hörer auf die Konsequenzen des Sicherheitsdenkens aufmerksam machen. Wer so ängstlich lebt wie der dritte Knecht, der zerstört sich selbst, der beraubt sich selbst des Lebens, er verweigert sein Leben.

Matthäus hat im Herrn sicher Jesus verstanden, der in der Himmelfahrt von den Menschen gegangen ist und am Ende der Zeit in Herrlichkeit wiederkommen wird. Die Sklaven sind die Christen, denen Gott sein Vermögen anvertraut hat. In diesem Bild wird die Würde sichtbar, die jeder Mensch hat. Jedem hat Gott etwas von seinem eigenen Vermögen anvertraut. Die Talente wurden in der geistlichen Tradition verschieden verstanden. Origenes verstand sie als das Wort Gottes. Die fünf Talente bedeuten dann das geistliche Verständnis der Schrift, die zwei Talente weisen auf die Menschen hin, die sich neben dem Buchstaben auch mit einem geistlichen Sinn rechnen. Das eine Talent bedeutet, dass man beim Buchstaben stehen bleibt. Andere deuten die fünf Talente als die fünf Sinne, die der Mensch von Gott erhalten hat. Im Mittelalter werden alle Gaben und Charismen, die Gott dem Menschen gegeben hat, als Talente bezeichnet. Das Vermehren der Talente wurde entweder als vertieftes Verständnis der Schrift verstanden oder aber als Liebe, die unserem Leben Fruchtbarkeit verleiht. Das Vergraben wurde schon im Mittelalter als Zeichen von Angst gesehen. Wer Angst hat, der kreist nur um sich selbst. Er ist nicht frei, sich in der Liebe zu verschenken.

Für mich ist das Gleichnis eine Einladung, aus dem Vertrauen zu leben und nicht aus der Angst. Wer ängstlich darüber wacht, dass er ja keinen Fehler macht, macht im Grunde alles verkehrt. Er bereitet sich selbst ein Leben in der Hölle der Angst. Wer aus Angst alles kontrolliert, der knirscht nachts oft genug mit den Zähnen. Denn alles, was er aus Angst unterdrücken möchte, wird in der Nacht auftauchen, und er muss es mit Gewalt unterdrücken. So wird sein Leben geprägt sein durch Heulen und Zähneknirschen. Die Frage ist, warum Jesus so drastische Bilder benutzt. Offensichtlich muss er die ängstliche Haltung so ad absurdum führen, weil wir von Natur aus mit ihr Mitleid haben. Es gibt in uns den Hang, uns selbst zu bedauern. Wir sind ja zu kurz gekommen. Es ist ja alles so schwierig. Mit dem Wenigen, das wir mitbekommen haben, können wir nicht richtig leben. Jesus will uns von dieser Haltung befreien, indem er die Konsequenzen dieser Einstellung so drastisch ausmalt. Er will im Gleichnis unsere Angst mit der Angst vertreiben, damit wir uns auf den Weg des Vertrauens und der Liebe einlassen.

Für mich wird auch in diesem Gleichnis die Weisheit Jesu sichtbar, wie er mit Menschen umgeht, die sich selbst entwerten und sich im Vergleich mit andern minderwertig vorkommen. Mir erzählte ein befreundeter Psychologe von einer Frau, die alles an sich schlecht machte. Er versuchte im Gespräch, sie aufzubauen und auf ihre positiven Seiten hinzuweisen. Doch je mehr er versuchte, das Gute an ihr ins Wort zu bringen, desto mehr entwertete sie sich. Dann kam ihm die Erleuchtung. Er verstärkte die negativen Aussagen, die die Frau machte. Auf einmal rebellierte sie: »Was fällt Ihnen ein, mich so zu beschreiben.« Manchmal muss man Menschen auf ihre katastrophale Haltung hinweisen und sie bestärken, damit sie endlich aufwachen und merken, wie falsch sie sich sehen. So wie der Psychologe möchte Jesus im Hörer Vertrauen wecken, indem er die Angst in ihrer Konsequenz schildert. Er möchte ihn zu seinen Stärken führen, indem er seine Schwächen ausmalt. Er möchte dem, der in Selbstmitleid verfallen ist, die Augen öffnen, damit er nicht mehr um sich kreist, sondern Mut bekommt, sein Leben zu wagen.

Vom Weltgericht (25,31–46)

Kaum ein Text des Matthäusevangeliums hat in der Geschichte der Spiritualität eine größere Faszination ausgeübt als die Rede vom Weltgericht. Hier wird christliches Leben und Lieben universal verstanden. Die Nächstenliebe gilt allen Menschen, gerade den Armen und Notleidenden, unabhängig, ob sie Christen sind oder nicht. Es geht um eine Liebe, die nicht berechnet. Sie weiß gar nicht, dass sie letztlich Christus im Nächsten behandelt. Sie wird um ihrer selbst willen getan, nicht aus anderen Motiven. Das hat vor allem den deutschen Philosophen Immanuel Kant fasziniert. Aber auch Atheisten sind von unserem Text begeistert. Die Befreiungstheologie hat in diesen Worten Jesu die zentrale Mitte des Evangeliums gesehen. Sie spricht vom Sakrament des Nächsten, an dem vorbei es keinen Weg zu Gott gibt. (Luz 3,523) Auch im Dialog mit anderen Religionen ist dieser Text wichtig geworden. Die Liebe, die Jesus von den Christen fordert, gilt allen Menschen, ganz gleich welche Religion sie haben, und es ist eine Forderung, die auch von anderen Religionen verstanden wird. Wer immer dem Menschen Liebe erweist, der erfüllt das Gebot Jesu, ob er darum weiß oder nicht, und begegnet im Menschen Jesus Christus, auch wenn er nie etwas von ihm gehört hat.

Die Kirchenväter haben in diesem Text vor allem eine Ermahnung zu den Werken der Barmherzigkeit gesehen. Die Christen sollten gerade auf die Armen schauen, ihren Hunger und Durst stillen, sie bekleiden, ihre Wunden heilen und sie im Gefängnis besuchen. Die Legende vom hl. Martin, der dem Bettler seinen Mantel teilt und dann in der Nacht Christus sieht, der Mt 25,40 zitiert, hat diesen Text tief in das Bewusstsein der Christen eingeprägt. Origenes hat die Werke der Barmherzigkeit nicht nur wörtlich, sondern auch geistlich verstanden als Ernährung mit geistlicher Speise, als Bekleiden mit dem Kleid der Weisheit und als geistlichen Trost.

Mich hat dieser Text in der Jugend immer fasziniert. Er war mir Anstoß, das Kreisen um mich aufzugeben und nach den Menschen Ausschau zu halten, die in Not sind, die der Hilfe bedürfen. Zugleich hat mir der Text auch Angst gemacht, denn in meiner Jugend wurde er oft »mit erhobenem Zeigefinger« ausgelegt. Mein Christsein misst sich allein daran, dass ich ganz für den anderen da bin, dass ich überall nach den Armen und Hungernden sehe, nicht nur nach den materiell Armen, sondern auch nach den geistig Armen. Der Text hat mir dann ein schlechtes Gewissen vermittelt, weil ich spürte, dass ich gar nicht alle Menschen wahrnehmen kann, die in Not sind, geschweige denn, dass ich ihnen zu helfen vermag. Helfen wurde dann zur Beruhigung des schlechten Gewissens, ohne dass ich mich wirklich auf den andern um seiner selbst willen einließ.

Das Buch von den »hilflosen Helfern« hat mir die Augen geöffnet, wie oft sich in mein Helfen andere Motive einschleichen wie: Macht über den anderen haben, mich besser fühlen, meine eigenen Defizite durch Helfen ausgleichen usw. Da hat mir geholfen, dass der Richter als König auftritt. Im Sinne Jesu helfe ich dem Armen nicht dadurch, dass ich mein schlechtes Gewissen beruhige, sondern indem ich ihn als königlichen Menschen sehe und behandle. Das Helfen darf den anderen nicht zum Hilfsempfänger degradieren, sondern soll ihn aufrichten, damit er seine Würde als König oder Königin entdeckt. In diesem Sinn ist die Gerichtsrede Jesu eine dauernde Herausforderung an mich, auf die Menschen um mich herum zu achten, wo sie hungrig oder durstig sind, wo sie unbehaust und heimatlos sind, nackt und bloßgestellt, in sich gefangen, von Zwängen getrieben. Ich kann sicher nicht alle Menschen heilen und allen zum Helfer werden. Ich muss auch die eigene Grenze annehmen. Aber dennoch versetzen mich die Worte Jesu in Unruhe. Sie befreien mich von einem narzisstischen Kreisen um mich selbst, wie es heute bei manchen spirituellen Wegen zu beobachten ist. In der nüchternen Mitmenschlichkeit erweist es sich, ob ich Jünger Jesu bin oder nicht. Allen Menschen zu helfen würde mich überfordern. Doch den Bruder und die Schwester als König oder Königin zu sehen, das kann ich immer. Das richtet Menschen auf. Das ist schon der erste Schritt, den Nackten zu bekleiden mit königlicher Würde und den Hungernden zu nähren mit Achtung und Zuwendung.

Zwei Bilder bereiten vielen Lesern dieser Rede Jesu Probleme. Da ist einmal das Bild des Gerichts. Viele verbinden damit Angst und Schrecken, sie haben Angst, vor dem Gericht nicht zu bestehen. Sie haben das Bild des Buchhaltergottes vor Augen, der ihre Taten auf die Waage legt. Wenn sie zu leicht befunden werden, sind sie für immer verdammt. Die Rede vom Gericht ist eine Mahnrede. Jesus will uns ermahnen, unser Leben bewusst zu leben. Zu diesem Leben aus dem Geist Jesu gehört die richtige Beziehung zum Mitmenschen. Das Gericht zeigt, worum es jetzt schon in unserem Handeln geht: um die Frage nach Leben oder Tod. Gerichtet wird der Mensch nach seinen Werken und nicht nur nach seiner Gesinnung. Das Bekenntnis für Christus zeigt sich bei Matthäus in seinem konkreten Handeln, nicht in der dogmatisch richtigen Aussage über Jesus Christus. Alle Menschen, ob Christen oder Anhänger anderer Religionen, ob gläubig oder ungläubig, Theisten oder Atheisten werden vor Christus dem Weltenrichter erscheinen. Das Urteil steht nicht uns zu, sondern allein Christus, der auf das Herz des Menschen sieht. Matthäus hat vor der Rede Jesu die Geschichte Jesu erzählt. Und das ist die Geschichte des »Immanuel – Gott mit uns«: Jesus ist der Helfer und Heiland. Von daher dürfen wir darauf vertrauen, dass Jesus als der Richter zugleich der Heiland ist, der unsere Wunden heilt und uns verlorene Schafe in sein Reich holt. Mit der Gerichtsrede ist vielen Menschen Angst gemacht worden. Angst ist nicht das Ziel des Matthäusevangeliums, sondern Entschiedenheit, Offenheit und Solidarität mit den Menschen.

Das zweite Bild, das mit dem des Gerichtes zusammen-

hängt, ist das Bild der Scheidung zwischen Schafen und
Böcken. Die meistens übliche Übersetzung »Schafe und
Böcke« ist ungenau. Auch die Deutung, dass der Hirt am
Abend die Schafe von den Ziegen scheidet, weil die Ziegen in der Nacht wärmere Luft brauchen als die Schafe
(vgl. Grundmann, 526), ist wohl nicht zutreffend. Von
der Wortbedeutung her trennt der Hirte die Zicklein, die
zum Schlachten bestimmt sind, von der übrigen Klein-
viehherde, die aus Schafen und Ziegen bestand. (Vgl. Luz
3,533f) Die Zicklein, die geschlachtet werden sollen, werden auf die linke Seite gestellt, auf die unglückliche und
unheilvolle, die anderen auf die rechte, die glückbrin-
gende Seite. Das Bild der Scheidung macht vielen Menschen ebenso Angst wie das Bild des Gerichts. Sie fragen
sich, ob sie wohl auf die rechte oder linke Seite gestellt
werden. Doch auch das Bild der Scheidung bezieht sich
nicht nur auf das künftige Weltgericht, sondern auf unser
jetziges Handeln. Hier und jetzt will Jesus uns herausfordern, uns zu einem Handeln zu entscheiden, das seinen
Geboten entspricht. Wir dürfen nicht einfach unbewusst
dahinleben, sondern müssen immer wieder Entscheidun-
gen treffen für das Leben und für die Menschen um uns
herum. Es gilt zu unterscheiden, ob unser Handeln dem
Willen Gottes entspricht oder nicht, ob es dem Leben des
Nächsten dient oder nicht. Spätestens im Tod wird Gott
aus uns alles ausscheiden, was seiner Liebe widerspricht.
Die Begegnung mit Gott im Tod verlangt unsere Entscheidung für Gott und Gottes Liebe, und sie führt zur Scheidung in uns. Vor Gott werden wir erkennen, wo wir an
ihm und an den Menschen, in denen uns sein Antlitz begegnet, vorbeigelebt haben. Das wird ein schmerzlicher
Ausscheidungsprozess sein. Aber wir dürfen vertrauen,
dass wir nicht einfach auf die linke Seite gestellt werden,
sondern dass nur das in uns ausgesondert wird, was in
uns geopfert werden muss, damit wir mit Gott eins wer-

den können. Das Bild des Scheidens und Aussonderns will uns also herausfordern, uns hier und jetzt für ein Leben zu entscheiden, das den Geboten Jesu, des Weltenrichters, entspricht. Wer dieser Weltenrichter ist, das hat Matthäus in seiner Jesusgeschichte beschrieben. Und das wird gerade in der auf die Gerichtsrede folgenden Passionsgeschichte deutlich. Jesus ist der »gütige(r) und von Herzen Gott ergebene König ohne irdische Machtmittel« (Grundmann, 15), der in die Hände der Menschen gerät und durch ihr Gericht hindurchgeht, um so in die liebenden Arme seines Vaters zu fallen.

Die Passionsgeschichte (26–27)

Matthäus folgt in der Erzählung der Passion Jesu seiner Vorlage im Markusevangelium. Doch er gibt dem Leiden und Sterben Jesu seine eigene Deutung. Matthäus betont die Überlegenheit Jesu schon in der Passion. Hier erfüllt sich das Wort. Jesus geht freiwillig den Gang zum Kreuz. Matthäus versteht die Passion Jesu auf dem Hintergrund alttestamentlicher Texte: Jesus ist der von Gott gesandte Hirte, der den zwölf Stämmen Israels einen neuen Anfang ermöglichen soll. Doch die »Schafhändler«, die beim Propheten Sacharja nur auf ihren Gewinn aus sind, schaffen sich den Hirten vom Hals, indem sie ihn mit dreißig Silberstücken abwiegen. (Vgl. Sach 11,4–14) Wie es beim Propheten Sacharja heißt, werden auch die Schafe ihres Hirten überdrüssig. Das Volk, das bisher Jesus bewundert hat, schlägt sich jetzt auf Seite der führenden Kreise, der Schriftgelehrten und Pharisäer. (Vgl. Limbeck, 280ff.; Schweizer, 316f) Wie Matthäus Passion und Auferstehung Jesu versteht, wird in manchen Erweiterungen und Ergänzungen zu seiner Vorlage, dem Text des Markusevangeliums, erkennbar. Ich möchte mich in der Auslegung der Passionsgeschichte nur auf die Matthäus eigenen Texte beschränken, weil in ihnen am besten ersichtlich ist, wie der Evangelist Jesu Weg durch Tod und Auferstehung sieht und deutet.

Schon die Einleitung macht die Position Matthäus' deutlich: »Und es geschah, als Jesus alle diese Worte vollendet hatte, sprach er zu seinen Jüngern.« (26,1; übers. Grundmann) Jesus hat seine fünf großen Reden vollendet. Jetzt ist alles gesagt, was zu sagen ist. Die Hörer und Leser dieser Reden sind aufgerufen, sich für Jesu Lehre zu entscheiden. Nun kommt das große Geschehen der Passion, in dem sich Jesus selbst für den Weg entscheidet, den er in seinen Reden vorgezeichnet hat. In Tod und Auferstehung wird Jesus zeigen, wie er selbst alle seine Worte erfüllt. Er ist der Lehrer, der vorlebt, was er lehrt. Er wird gewaltlos in den Tod gehen, er wird dem Willen des Vaters gehorsam sein, und er wird im Tod noch seine Feinde lieben, wie er es in der Bergpredigt von seinen Jüngern verlangt hat. Wer nicht den Worten Jesu zu folgen vermag, der soll durch sein Beispiel aufgerufen werden, sich auf die Lehre Jesu einzulassen und sich durch sein Verhalten für sie zu entscheiden.

Bei der Schilderung des Abendmahls übernimmt Matthäus die Worte des Markus, formuliert sie aber liturgischer. Man erkennt, dass er auf die Liturgie seiner Gemeinde zurückgreift. Ein entscheidender Unterschied zu Markus ist das Deutungswort zum Becher: »Das ist mein Blut, das Blut des Bundes, das für viele vergossen wird zur Vergebung der Sünden.« (26,28) Bei Markus heißt es nur: »das für viele vergossen wird«. (Mk 14,24) Matthäus verbindet also den Tod Jesu und die Eucharistiefeier mit der Sündenvergebung. Matthäus hat hier die Sühne stiftende Wirkung des Paschablutes vor Augen. Das Blut des Paschalammes wird vergossen, um die Israeliten zu entsündigen. Die Vollendung der Sündenverge-

bung wird im Tod Jesu sichtbar, aber in jeder Eucharistiefeier wird diese Vergebung den Teilnehmern am Heiligen
Mahl zugesprochen und im Blut Jesu gereicht, so dass sie
leibhaft erfahren dürfen, dass sie bedingungslos angenommen sind, auch mit ihrer Schuld. In der Geschichte
der christlichen Theologie ist der Tod Jesu oft ausschließlich als Sühne für unsere Sünden verstanden worden. Für
viele ist die Verbindung zwischen dem Tod Jesu und der
Sündenvergebung schwer verständlich. Matthäus hat Jesus schon während seines Lebens als den geschildert, der
den Menschen die Vergebung der Sünden zuspricht. Also
ist die Vergebung nicht an seinen Tod gebunden. Doch indem Jesus seinen Tod mit dem Bild des Paschalammes
verbindet, dessen Blut die Menschen von ihren Sünden
reinigt, bringt er zum Ausdruck, dass in seinem Tod Gottes vergebende Liebe ihren Höhepunkt erreicht. Jesus hält
im Tod seine Liebe durch. Er lässt sich auch von den
Mördern nicht von seiner Liebe abhalten. In der Eucharistiefeier drückt er aus, dass er sich im Tod für seine Jünger hingibt, damit sie für immer an seine Liebe glauben
und damit sie diese vergebende Liebe als Grund ihrer
Existenz immer wieder von neuem leibhaft erfahren dürfen.

In der Szene im Garten von Getsemani zeigt Matthäus
Jesus als Vorbild des Glaubenden. Matthäus berichtet
beim zweiten Gebet Jesu den genauen Wortlaut, und der
entspricht der dritten Bitte des Vaterunsers: »Dein Wille
geschehe.« (26,42) Was Jesus seine Jünger gelehrt hat,
das vollzieht er in der Passion selber. Er lässt sich auf den
Willen Gottes ein. Er ist als Sohn seinem Vater gehorsam.
Auch wenn der Wille des Vaters ihm Angst macht und ihn
in Traurigkeit stürzt, ringt er sich dennoch dazu durch,
sich auf ihn einzulassen, im Vertrauen, dass das der Weg
des Heiles ist für ihn und für die Menschen. Das Vaterunser ist die Mitte der Bergpredigt. Und die Bitte um den

Willen Gottes ist die Mitte des Vaterunsers. Im Gebet im Garten von Getsemani wird so deutlich, dass Jesus in seiner Passion die Bergpredigt erfüllt. Er hat sie nicht nur für seine Jünger verkündet, sondern durch sein Leben als den Weg vollzogen, der zum Vater führt. In seinem Gebetskampf sucht Jesus die Gemeinschaft mit seinen Jüngern. Er will ihnen helfen, die zentrale Bitte des Vaterunsers in ihrem Leben einzuüben.

Die Gefangennahme Jesu schildert Matthäus ähnlich wie Markus, doch fügt er wieder wichtige Verse ein. Jesus wendet sich gegen Petrus, der sein Schwert gezogen hatte: »Steck dein Schwert in die Scheide; denn alle, die zum Schwert greifen, werden durch das Schwert umkommen.« (26,52) Jesus wird hier zum Vorbild der Gewaltlosigkeit, die er in der Bergpredigt verkündet hat. Er verzichtet eben auf Vergeltung und lässt die Gewalt an sich geschehen, ohne sich zu wehren, er gibt den letzten Grund für die Gewaltlosigkeit an: Er weiß sich in Gottes Schutz. Gottes Engel umgeben ihn. Er könnte Gott bitten, dass sie für ihn kämpfen, doch darauf verzichtet er. Er weiß sich von den Engeln Gottes behütet, sodass die äußere Gewalt, die ihm sogar den Tod einbringt, letztlich nicht schaden kann.

Die Geschichte vom Ende des Judas erzählt uns allein Matthäus. Auch mit dieser Geschichte verfolgt der Evangelist eine Absicht. Auf die erste Verhandlung des Hohen Rates folgt die Verleugnung des Petrus. Auf den Todesbeschluss lässt Matthäus den Widerruf und das Selbstgericht des Judas folgen. Judas hat erkannt, dass er einen Fehler gemacht und unschuldiges Blut verraten hat. Normalerweise hätte auf sein Bekenntnis der Unschuld Jesu das Verfahren wieder aufgenommen werden müssen, doch die Hohenpriester und Ältesten lassen Judas mit seiner Schuld allein. Sie weigern sich, das Verfahren von neuem aufzurollen. Damit handeln sie gegen jüdisches Recht. Judas wirft sein Verrätergeld in den Tempel, um den Handel rückgängig zu machen, doch umsonst. So geht er hin und erhängt sich. Die Hohenpriester nehmen das Geld und handeln gesetzlich korrekt damit: Da es als Blutgeld unrein ist, kaufen sie einen Begräbnisacker für die Heiden, für die Unreinen. Matthäus deutet dieses Geschehen mit dem Hinweis auf den Propheten Jeremia, der einen Acker erwarb als Zeichen des kommenden Heils. So wird Jesu ungerechter Tod für die Heiden zu einer Quelle des Heiles werden. Matthäus schildert den Judas durchaus sympathisch. Selbst der Verräter legt Zeugnis für die Unschuld Jesu ab, doch die Hohenpriester nehmen das Zeugnis nicht an. Die Wirkungsgeschichte dieser Szene war für das Verhältnis zwischen Christen und Juden verheerend. Allen Juden wurde die Schuld am Tod Jesu zugeschoben, und sie wurden kollektiv als Verräter gebrandmarkt. Da ist es wichtig, dass wir die ursprüngliche Aussageabsicht des Matthäus erkennen, der das Scheitern des Judas und das Jesu zusammensieht. Judas scheitert aus Verzweiflung, aus enttäuschter Hoffnung, Jesus scheitert im Vertrauen auf den Vater, der ihn selbst im Tod noch auffängt. Petrus verrät seinen Herrn genauso wie Judas, doch Petrus bricht nach seinem Verrat in Tränen der Reue aus. In seiner Ohnmacht vertraut er sich der Barmherzigkeit Gottes an. Judas dagegen möchte seinen Verrat selbst wieder gutmachen. Anstatt sich in die Hände Gottes zu begeben, legt er Hand an sich. Anstatt sich dem gnädigen Gericht Gottes zu überlassen, richtet er sich selbst. So will Matthäus die Leser mahnen, im Fall des eigenen Versagens sich wie Petrus der Barmherzigkeit Gottes zu überlassen.

Bei der Verhandlung vor Pilatus hat Matthäus in den Bericht des Markus zwei kleine Erweiterungen eingefügt. Die erste Erweiterung ist die Intervention der Frau des Pilatus. Sie hatte in der Nacht einen Traum, in dem ihr die Schuldlosigkeit Jesu bewusst wurde. So warnt die Frau ihren Mann: »Dieser Mann ist gerecht. Lass von ihm ab. Ich habe seinetwegen im Traum viel gelitten.« Matthäus nimmt hier ein in der Antike weit verbreitetes Motiv auf: So warnt die Frau des Caesars ihren Mann vor seiner Ermordung. Der Traum ist für Matthäus Offenbarung Gottes. Die Geburt Jesu war von Träumen des Joseph begleitet. Sein Tod ist vom Traum einer Frau als der Tod eines Gerechten erkannt. Wie die Magier, denen Gott im Traum erschien (2,12), die Geburt des Königs der Juden bekennen, so legt beim Tod Jesu wieder eine Heidin aufgrund eines Traumes Zeugnis für Christus ab. Gott ist gerade für die Heiden da, die ihn noch nicht kennen. Gott offenbart den Heiden durch Träume die Bedeutung Jesu Christi.

Der Traum seiner Frau hält den Pilatus nicht davon ab, Jesus der Menge auszuliefern. Aber er beteuert seine Unschuld. Zu ihrem Zeichen wäscht er sich die Hände. Auf diese Geste hin schreit das ganze Volk den verhängnisvollen Satz: »Sein Blut komme über uns und unsere Kinder!« (27,25) Auch dieser Satz hat eine unheilvolle Wirkungsgeschichte gehabt. Er wurde immer wieder als Argument für den Antijudaismus verwendet. Doch Matthäus will damit etwas anderes sagen: Das ganze Volk hat bei Matthäus den Tod Jesu zu verantworten und nicht nur die Führenden. In der jüdischen Tradition bedeutet dieser Satz, dass das Volk seine Unschuld beteuert. Deshalb kann das Blut Jesu über es kommen. Doch zugleich drückt Matthäus mit diesem Satz die Blindheit des Volkes aus, das den Messias ablehnt und gerade so vor Gott schuldig wird. Die wahre Bedeutung des Blutes Jesu besteht darin, dass es zur Vergebung der Sünden vergossen wird. Die Vergebung gilt auch für das Volk Israel. Matthäus ist davon überzeugt, dass die Zerstörung Jerusalems im Jahre 70 durch die Römer das Gericht Gottes über die Schuld des Volkes war. Mit seinem Evangelium möchte er gerade im Volk Israel dafür werben, sich Jesus als dem Messias zuzuwenden. Dann wird auch Israel am Heil teilhaben, das Jesus in seinem Tod am Kreuz für alle Menschen gewirkt hat. Der erhöhte Herr sendet seine Jünger zu allen Völkern, auch zu den Juden, um sie zu Jüngern Jesu zu machen. Die an Jesus glauben, werden zum wahren Volk Gottes, und erfüllen damit die Verheißung, die dem Volk Israel gegeben wurde. Bei aller Kritik am Verhalten des jüdischen Volkes ist Matthäus wie kein anderer Evangelist daran interessiert, den Zusammenhang Jesu mit dem Judentum und die Kontinuität zwischen Synagoge und Kirche zu betonen.

Bei der Schilderung der Kreuzigung folgt Matthäus ziemlich genau Markus. Doch die Worte, mit denen die Vorübergehenden den am Kreuz hängenden Jesus verspotten, formuliert Matthäus bewusst auf dem Hintergrund der Versuchungsszene in Kapitel 4,1–11. Wie der Satan reden die Spötter Jesus an: »Wenn du Gottes Sohn bist, hilf dir selbst, und steig herab vom Kreuz!« (27,40) Am Kreuz entscheidet sich, ob Jesus die grundlegende Versuchung seines Daseins besteht oder nicht, ob er sein Sohnsein ausnutzt oder ob er sich als Sohn vertrauensvoll dem himmlischen Vater überlässt. Die Hohenpriester, Schriftgelehrten und Ältesten nehmen das Thema des Vertrauens auf, indem sie Jesus den Psalm 22,9 vorhalten: »Er hat auf Gott vertraut: der soll ihn jetzt retten, wenn er an ihm Gefallen hat.« (27,43) Das Wort »vertrauen« steht dabei nicht in Psalm 22,9. Das hat Matthäus bewusst hier aus dem Buch der Weisheit genommen. (Weish 2,17–20) Das zeigt, wie wichtig dem Evangelisten das Thema des Vertrauens ist. Am Kreuz entscheidet sich, ob Jesus auf Gott seinen Vater vertraut, oder ob er sein wunderbares Wirken erzwingen will, ähnlich wie in der Versuchungsgeschichte in 4,1–11. Am Kreuz erweist sich Jesus wahrhaft als Gottes Sohn. Gerade dort, wo er scheinbar von Gott verlassen ist, da nichts von Gottes wunderbarem Eingreifen sichtbar wird, betet er voll Vertrauen zu seinem himmlischen Vater. Auch in der äußersten Ohnmacht, in seiner Verlassenheit, in seinem Scheitern als Messias, in seiner Einsamkeit unter den scheinbar mächtigen und sich ihres Gottes so gewissen Spöttern wendet sich Jesus vertrauensvoll an seinen Vater: »Mein Gott, mein Gott, warum hast du mich verlassen?« (27,46) Jesus fällt auch im Tod nicht aus dem Vertrauen gegenüber seinem Vater heraus. Am Kreuz bewährt er sein Sohnsein. Das ist für Matthäus das tragende Motiv seines Christusbildes. Jesus ist der Sohn Gottes, aber anders als die Spötter es sich vorstellen. Er hält in seinem Sterben am Vater fest. Er traut dem Vater zu, dass er sein Sterben noch verwandelt. Jesus hat sicher nicht nur den ersten Vers von Psalm 22 gebetet, sondern den ganzen Psalm, der in das grenzenlose Vertrauen einmündet: »Er verbirgt sein Gesicht nicht vor ihm; er hat auf sein Schreien gehört. Deine Treue preise ich in großer Gemeinde; ich erfülle meine Gelübde vor denen, die Gott fürchten.« (Ps 22,25f) Das Vertrauen, das Jesus zeigt, bewährt sich gerade in der Erfahrung der Einsamkeit und Ohnmacht, in der Erfahrung von Dunkelheit und Tod. Der Vater Jesu bewahrt uns nicht vor dem Tod und vor der Verlassenheit, sondern er hält uns in seiner Hand in unserem Sterben und in unserer Einsamkeit und Verzweiflung. So vollendet Jesus in seinem Todesruf, was er im Vaterunser und im Gebetsringen im Garten von Getsemani eingeübt hat: »Dein Wille geschehe.«

Die am Kreuz Stehenden hören aus dem Gebetsruf Jesu heraus, dass er nach Elija ruft. Für den Juden Pinchas Lapide ist das ein klarer Hinweis darauf, dass Jesus den ganzen Psalm 22 am Kreuz gebetet hat, denn aus dem ersten Vers könnte dies kein Jude heraushören. Im Vers 22,2 aber heißt es: »Von Geburt an bin ich geworfen auf dich, vom Mutterleib an bist du mein Gott.« »Du bist mein Gott« heißt im Hebräischen »Eli atta!« Das kann sehr wohl auch akustisch so verstanden werden: »Elia ta = Elia, komm!« (Lapide, 99) Lapide führt noch andere Gründe auf, warum Jesus den ganzen Psalm 22 am Kreuz gebetet hat. Matthäus hat den Todesruf Jesu eingeleitet mit: »phone megale legon = Er sagte mit lauter Stimme«. »Legon« bedeutet für den frommen Juden immer: »Er rezitierte« den Psalm. Der erste Vers eines Psalmes verweist immer auf den ganzen Psalm. (Vgl. Lapide, 90) Wenn ich mir vorstelle, dass Jesus den ganzen Psalm 22 am Kreuz rezitiert hat, dann geht mir das Geheimnis seines Sterbens neu auf. Am Kreuz hat Jesus all seine Not Gott hingehalten, aber an Gott festgehalten. Nachdem einer der Umstehenden ihn mit Essig getränkt hat, schreit Jesus nochmals laut auf und haucht seinen Geist aus. Normalerweise verröcheln die Gekreuzigten. Wenn Jesus laut schreiend stirbt, hat das eine besondere Bedeutung: Es ist ein Schrei des Sieges, ein Schrei, in dem Jesus der ganzen Welt den Tod des Gottessohnes mitteilt. Und Jesus übergibt seinen Geist in Gottes Hand, er gibt sich als vertrauender und gehorsamer Sohn dem Vater zurück.

Die Reaktion auf den Tod Jesu gestaltet Matthäus neu. Wie Markus berichtet er vom Zerreißen des Vorhangs im Tempel. Jetzt ist der Zugang zum Allerheiligsten für alle offen. Doch dann beschreibt Matthäus in apokalyptischer Sprache eigenartige Ereignisse: »Die Erde bebte und die Felsen spalteten sich. Die Gräber öffneten sich, und die Leiber vieler Heiligen, die entschlafen waren, wurden auferweckt. Nach der Auferstehung Jesu verließen sie ihre Gräber, kamen in die Heilige Stadt und erschienen vielen.« (27,51–53) Mit diesem apokalyptischen Text greift Matthäus das in der Antike weit verbreitete Motiv auf, dass beim Tod berühmter Männer besondere Geschehnisse eintreten, die die Bedeutung dieses Menschen beschreiben. So beschreibt auch Matthäus durch diese Ereignisse die Bedeutung des Todes Jesu. Durch ihn ist die Macht des Todes gebrochen. Die Toten stehen auf und verlassen ihre Gräber. Der Tod Jesu hat auch kosmische Auswirkung: Es entsteht ein Erdbeben und die Felsen spalten sich. Im Tod Jesu ergießt sich seine Liebe in den Grund des Kosmos hinein. Es gibt nichts mehr, was von der Liebe Christi nicht berührt wäre. Der Tod Jesu erschüttert die Welt. Er ist das »weltenwendende Ereignis«. (Schweizer, 338) Alle, die auf dieses Ereignis schauen, werden von der Macht des Lebens umschlossen und dem Bereich des Todes entrissen. Der Text könnte auch die Auferweckung der Totengebeine im Blick haben, die uns Ezechiel in einer Vision schildert. (Ez 37,1–14) Wenn Jesus im Tod seinen Geist aushaucht (oder: übergibt), dann ist es Gottes Geist selbst, der die Totengebeine wieder lebendig macht. In Ez 37,12 heißt es: »Siehe, ich öffne eure Gräber und führe euch aus euren Gräbern herauf und bringe euch ins Land Israel.« Das Volk Israel hat Jesus dem Tod überliefert, doch Jesu Tod hat eine heilsame Wirkung für alle Völker, auch für das Volk Israel. Er wird die verstorbenen Patriarchen und Propheten herausführen aus ihren Gräbern und sie in das wahre Israel bringen, in das Israel, das Christus, der Sohn Gottes, begründet.

Bei Markus bekennt der Hauptmann, dass Jesus Gottes Sohn sei. Bei Matthäus sind es der Hauptmann und die Wachhabenden gemeinsam, die als Repräsentanten der Heiden Jesu Gottessohnschaft bekennen. Ihre Reaktion auf die Ereignisse um den Tod Jesu ist Furcht. Furcht ist nicht Angst, sondern das Sich-Betreffenlassen von Gott. Gott fährt ihnen im Tod Jesu und in den kosmischen Erschütterungen, die ihm folgen, in die Knochen. Mit ihrem ganzen Sein bekennen sie: »Wahrhaftig, das war Gottes Sohn!« (27,54) Wie Markus berichtet auch Matthäus von den Frauen, die beim Kreuz aushielten und von weitem zusahen. Sie sind wie die Männer Jüngerinnen Jesu, und sind ihm von Galiläa aus nachgefolgt. Sie sind auch dabei, als Joseph aus Arimathäa den Leichnam Jesu in ein neues Grab legt. Auf die Grablegung folgt bei Matthäus der bedeutungsschwere Satz: »Auch Maria aus Magdala und die andere Maria waren dort; sie saßen dem Grab gegenüber.« (27,61) Sie halten es also beim Grab Jesu aus. Sie bleiben in ihrer Trauer bei Jesus sitzen. Trauern geschah bei den Juden immer sitzend. Die beiden Frauen fliehen nicht vor dem grauenvollen Geschehen, sie halten gleichsam Wache bei Jesus. Sie bleiben bei ihm, weil sie ihn lieben. Schweigend vor dem Grab sitzen und das Unbegreifliche mit einem trauernden Herzen zu meditieren, das ist ihr Ausdruck einer Liebe über den Tod hinaus.

Dann folgt bei Matthäus noch die Geschichte von der Bewachung des Grabes. Am Sabbat – also das Sabbatgebot brechend – gehen die Hohenpriester zu Pilatus, damit er das Grab bewachen lasse. Sie haben Angst, Jesus könnte auferstehen. Mit dieser Szene will Matthäus die Auferstehung Jesu bekräftigen. Er musste sich offensichtlich gegen Vorwürfe der Juden wehren, Jesu Leichnam sei gestohlen worden. Wie Matthäus die jüdische These vom Raub des Leichnams Jesu widerlegt, ist voller Ironie: Die Gegner Jesu werden ungewollt zu Verkündern der Osterbotschaft. Sie stehen am Schluss als betrogene Betrüger da. Es ist also mehr als eine historische Absicherung der Auferstehung, die Matthäus mit dieser Szene (27,62–66) leisten will. In Bildern will er das Geheimnis der Auferstehung aufscheinen lassen: Selbst wer sich gegen die Auferstehung Jesu auflehnt und verschließt, muss am Ende bekennen: »Wahrhaftig, Jesus ist auferstanden.« Auch in uns kennen wir Zweifel an der Auferstehung. Matthäus greift diese auf. Doch selbst wenn wir die Auferstehung mit unseren Argumenten unmöglich machen möchten, müssen wir schließlich bekennen, dass die Botschaft der Auferstehung auch in uns den Satz aufsteigen lässt, den ein jüdischer Rabbi einem Gotteszweifler entgegen hielt: »Vielleicht ist es doch wahr!«

Die Auferstehung Jesu (28,1–15)

Matthäus verändert den Auferstehungsbericht des Markus. Bei Markus kommen die Frauen in aller Frühe des ersten Tages der Woche zum Grab, um Jesus zu salben. Matthäus dagegen geht davon aus, dass Maria aus Magdala und die andere Maria schon in der Abenddämmerung des Sabbats kommen, »um nach dem Grab zu sehen«. (28,1) Im Griechischen steht hier »theoresai«, das schauen, aber auch meditieren bedeutet. Die Frauen wollen über das Geschehen nachdenken, es in sich einlassen. Sie wollen bei Jesus sein, den sie so geliebt haben. Sie haben den Mut, die ganze Nacht bei ihm zu wachen. (Vgl. Grundmann, 568) Doch »plötzlich entstand ein gewaltiges Erdbeben; denn ein Engel des Herrn kam vom Himmel herab, trat an das Grab, wälzte den Stein weg und setzte sich darauf.« (28,2) Die Frauen erleben den Augenblick der Auferstehung mit, auch wenn sie nur das Äußere sehen, nicht den Auferstandenen selbst. Es ist ein Engel des Herrn, der das Geschehen der Auferstehung in Gang setzt. Wie bei der Geburt Jesu wird der Engel bei seiner Auferstehung mit den gleichen Worten beschrieben: »Angelos kyriou«. Der Engel ist bei Matthäus aber nicht nur ein Deuteengel, sondern ein aktiver Bote Gottes. Er wälzt den Stein vom Grab. Alle Worte, mit denen Matthäus das Wirken des Engels beschreibt, sind nicht nur Bilder für das Geheimnis von Jesu Auferstehung, sondern auch von unserer eigenen Auferstehung. Das meint nicht nur die Auferstehung nach unserem Tod, sondern immer auch schon im Hier und Jetzt. Wenn ein Engel in mein Leben tritt und den Stein wegwälzt, der mich blockiert und hemmt, der auf mir liegt und mich nicht leben lässt, dann kommt etwas in mir in Bewegung. Dann wird Auferstehung möglich.

Nun greift Matthäus das Motiv der Grabeswächter wieder auf. Sie beginnen vor Angst zu zittern und fallen wie tot zu Boden. Matthäus schildert die Auferstehung nicht direkt, aber er beschreibt den irdischen Reflex, der für die Frauen sichtbar wird. Das Zittern der Todeswächter ist der für uns sichtbare Widerschein der Auferstehung. Todeswächter gibt es nicht nur am Grab Jesu, sondern auch in unserer Seele. Das sind die Wächter, die darauf achten, dass alles beim Alten, dass unser wahres Selbst begraben bleibt, dass der eigentliche Mensch in uns nicht aufsteht. Er soll eingezwängt bleiben in das Grab der Angst und Trauer. Es sind zwei Reflexe der Auferstehung, die für Matthäus sichtbar sind: das Herabsteigen des Engels, das im Erdbeben und im Wegrollen des Steines sichtbar wird, und das Niederfallen der Grabeswächter. Wenn Christus in uns aufersteht und uns aufrichtet, dann wird das auch in unserem Leben sichtbar, in einer neuen Lebendigkeit und Freiheit. Wir sind nicht mehr blockiert von dem Stein, der uns am Leben hindert, und wagen es, auf eigenen Füßen zu stehen, lassen uns von den Todeswächtern nicht mehr bestimmen und einengen.

Der Engel, der auf dem Stein sitzt, den er weggewälzt hat, wird nun zum Deuteengel. Er spricht die Frauen an: »Fürchtet euch nicht: Ich weiß, ihr sucht Jesus, den Gekreuzigten. Er ist nicht hier; denn er ist auferstanden, wie er gesagt hat. Kommt her und seht euch die Stelle an, wo er lag.« (28,5f) Der Engel lädt die beiden Frauen ein, sich das Grab genau anzuschauen und der Botschaft des Engels zu trauen. Sie konnten die Auferstehung nicht beobachten, sondern nur das Ergebnis sehen. Der Engel gibt ihnen nun den Auftrag, zu Jesu Jüngern zu gehen und ihnen die Botschaft von der Auferstehung zu verkünden. Bei Markus fliehen die Frauen vor Schrecken vom Grab weg. Matthäus betont die große Freude, mit der die Frauen zu den Jüngern zurückkehren. Aber die Freude ist zugleich auch von Furcht begleitet. Das Gesehene hat sie ins Herz getroffen. Sie sind innerlich zutiefst bewegt.

Während Markus mit der Flucht der Frauen vor dem Grab endet, schildert Matthäus die Erscheinung Jesu vor den Frauen. Unterwegs kommt ihnen Jesus entgegen und grüßt sie. Sie gehen auf ihn zu, werfen sich vor ihm nieder und umfassen seine Füße. Sie huldigen ihm, sie beten ihn an. Jesus spricht sie fast mit den gleichen Worten an wie der Engel: »Fürchtet euch nicht! Geht und sagt meinen Brüdern, sie sollen nach Galiläa gehen, und dort werden sie mich sehen.« (28,10) Im Gegensatz zum Engel nennt Jesus seine Jünger hier Brüder. Durch seinen Tod und seine Auferstehung sind sie zu Brüdern und Schwestern geworden. Ihr Versagen und ihre feige Flucht sind vergeben.

Im Gegensatz zu den Frauen, die dem Auferstandenen begegnet sind und mit ihrer Verkündigung bei den Brüdern Glauben finden, berichten nun die Grabeswächter den Hohenpriestern »alles, was geschehen war«. (28,11) Doch die Repräsentanten Israels glauben dem Bericht nicht. Römische Soldaten werden zu Kündern der Auferstehung, doch die Juden schenken ihnen keinen Glauben. Sie fassen vielmehr den Beschluss, die Soldaten zu bestechen, damit sie die Lüge vom Leichenraub weitererzählen. Diese Szene ist nicht ohne Ironie. Die Soldaten machen alles so, »wie man es ihnen gesagt hatte«. (28,15) Im Griechischen steht hier: »wie sie belehrt worden waren.« Wie die Jünger Jesu sind sie belehrt worden, doch mit der falschen Lehre. Und sie verbreiten diese Lügenlehre weiter bis auf den heutigen Tag. So nimmt Matthäus auch auf unser Heute Bezug. Heute sind wir ebenfalls hin und her gerissen zwischen der Botschaft von der Auferstehung Jesu, wie sie uns Matthäus berichtet, und den falschen Lehren, die uns weismachen wollen, dass die Auferstehung nur symbolisch zu verstehen ist, dass sie nichts anderes bedeute, als dass die Sache Jesu weiter gehe. Matthäus will uns einladen, an die geschichtliche Wirklichkeit der Auferstehung zu glauben. Sie ist geschehen. Der Auferstandene ist den Frauen erschienen. Doch der Glaube an die Auferstehung und den Auferstandenen zielt nicht auf die genauen Fakten, die damals geschehen sind, denn von den Fakten allein kann man nicht leben. Matthäus deutet die Fakten und lenkt den Blick nach vorne. Der Glaube an die Auferstehung Jesu und an den auferstandenen Herrn hat Auswirkungen auf unser Leben heute. Er bringt uns in Bewegung, damit wir nicht rückwärts gewandt uns mit unnützen Diskussionen abgeben, wie es denn wirklich gewesen sei. Vielmehr hat der Auferstandene für uns einen Auftrag. Der Glaube an die Auferstehung will sich in unserem Leben zeigen. Das wird deutlich in der Szene, mit der Matthäus sein Evangelium abschließt.

Der Auftrag des Auferstandenen (28,16–20)

In dieser Schlussszene gipfelt das ganze Matthäusevangelium. Die Botschaft, die uns Matthäus mit seinem Evangelium künden wollte, wird hier in wenigen Worten zusammengefasst: Es ist die Botschaft, dass der Auferstandene bei uns ist, dass er mit uns alle Wege geht und dass die Kirche die Auferstehung aller Welt verkünden soll. Die Kirche ist die Fortsetzung des Wirkens Jesu. In ihr ist der Erhöhte selbst anwesend, aber der Auferstandene lässt sich von der Kirche nicht vereinnahmen. Vielmehr ist er der Herr, der die Jünger in alle Welt aussendet, damit sie alle Menschen zu Jesu Jüngern machen und von ihnen im Namen des dreifaltigen Gottes getauft werden.

Die Jünger gehorchen den Worten Jesu, die ihnen die Frauen vermittelt hatten. Sie wandern nach Galiläa. Auf dem Berg, den Jesus ihnen genannt hatte, fallen sie vor dem Auferstandenen nieder und beten ihn an. »Einige aber hatten Zweifel.« (28,17) Matthäus spricht den Zweifel einiger Jünger an, um darauf hinzuweisen, dass es heute nicht anders ist. Die Botschaft von der Auferstehung ist faszinierend. Doch zugleich schleicht sich in unser Denken der Zweifel ein: Wie ist Auferstehung wirklich zu verstehen? Ist es doch nicht nur Einbildung? Dürfen wir dem trauen, was wir sehen? Auch heute schwanken wir zwischen Glauben und Zweifel. Der Glaube braucht den Zweifel, damit er Gott nicht vereinnahmt, damit er sich nicht zu genaue Vorstellungen von Jesus und seiner Auferstehung macht.

Das Entscheidende an der Auferstehung ist für Matthäus die Selbstaussage Jesu: »Mir ist alle Macht gegeben im Himmel und auf der Erde. Darum geht zu allen Völkern und macht alle Menschen zu meinen Jüngern; tauft sie auf den Namen des Vaters und des Sohnes und des Heiligen Geistes, und lehrt sie, alles zu befolgen, was ich heute geboten habe. Seid gewiss: Ich bin bei euch alle Tage bis zum Ende der Welt.« (28,18–20) Jesus hat alle Macht. Er hat die Vollmacht, Sünden zu vergeben und Kranke zu heilen. Er wird als Menschensohn auf den Wolken des Himmels kommen und aller Welt seine Macht zeigen. Auch wenn im Tod diese Macht scheinbar zerbrochen ist, in Wirklichkeit ist Jesus als der Sohn Gottes der Herr und König dieser Welt. Gott selbst hat ihm diese Macht gegeben. Er übt sie aus im Auftrag Gottes. Er ist der Herr aller Herren, nach dem sich alle sehnen. Daher sollen die Jünger ausziehen und alle Menschen zu Jesu Jüngern machen. Das geht nicht gewaltsam, sondern nur über die Freiheit der Einzelnen. Jesus trägt uns auf, für seine Botschaft zu werben, damit sich viele zu ihm bekehren und sich taufen lassen. Seine Botschaft gilt allen Menschen und allen Völkern, Juden wie Griechen. Keiner ist ausgeschlossen. Das Wirken Jesu – auch wenn es an einem begrenzten Ort geschah – hat Auswirkungen auf die ganze Welt. Sie soll vom Heil Jesu berührt und verwandelt werden.

Es sind drei Schritte, die Jesus von seinen Jüngern verlangt. Der erste Schritt besteht darin, dass Jesus die Jünger aussendet, damit sie werbend Jünger gewinnen. Sie sollen genauso überzeugt und überzeugend von Gott unserem Vater predigen, wie es Jesus getan hat. Sie sollen durch ihr eigenes Leben Zeugnis ablegen für Jesus Christus und für das Vertrauen in Gott unseren Vater, zu dem uns Jesus nicht nur aufgerufen, sondern das er durch sein Leben und Sterben sichtbar vor Augen geführt hat. Menschen zu Jüngern Jesu zu machen heißt für mich, sie in die Erfahrung Jesu einführen. Das ist für das Matthäusevangelium vor allem die Erfahrung des Vertrauens und der Freiheit der Kinder Gottes und die Erfahrung der Kirche, der neuen Gemeinschaft, zu der der erhöhte Jesus Christus die Menschen aller Völker und Kulturen, aller Religionen und Konfessionen einlädt.

Der zweite Schritt besteht in der Taufe auf den dreifaltigen Gott. Wer für Jesus gewonnen ist, soll in der Taufe in das Leben des dreifaltigen Gottes hineingezogen werden. Er wird auf den Namen des Vaters und des Sohnes und des Heiligen Geistes getauft, d.h. er wird dem dreifaltigen Gott übereignet. Er gehört nicht mehr den Menschen und ihren Erwartungen, sondern Gott. In der Taufe werden die Menschen in die Gemeinschaft des Vaters, des Sohnes und des Heiligen Geistes aufgenommen. Sie werden in Gott die wahre Würde ihres Menschseins erfahren, dass auch sie Söhne und Töchter Gottes sind. Man könnte diesen zweiten Schritt die mystische Dimension des Christentums nennen. Die Jünger Jesu sollen die Menschen einführen in die Erfahrung Gottes, in die Erfahrung des Gottes, der immer schon offen ist für uns und auf uns hin. Wir können weder von Gott sprechen, ohne zugleich vom Menschen zu reden, noch können wir den Menschen verstehen, ohne ihn als den zu sehen, der in die Gemeinschaft des dreifaltigen Gottes aufgenommen ist.

Der dritte Schritt besteht im Halten der Gebote. Für Matthäus gehört die ethische Dimension immer zum Glauben dazu. Es genügt nicht, Gott nur zu erfahren, in Gott zu sein, Gottes heilende Nähe zu spüren. Zum Glauben gehört, dass wir bereit sind, alles zu befolgen, was Jesus uns geboten hat. Jesus hat uns nicht nur den barmherzigen Vater verkündet, zu dem wir vertrauensvoll beten und bei dem wir uns geborgen wissen. Er hat auch den Willen Gottes für uns heute geoffenbart, und fordert uns auf, diesen Willen auch in unserem Handeln zu erfüllen. So wird im letzten Auftrag Jesu nochmals die Absicht des Matthäusevangeliums deutlich: Er will durch seine Erzählung vom Leben Jesu Menschen für Jesus gewinnen. Er will sie einladen, in die Gemeinschaft der Kirche einzutreten und durch die Taufe in die Liebe des dreifaltigen Gottes hineingezogen zu werden. Er fordert sie auf, den Worten Jesu gemäß auch ihr Verhalten zu ändern und durch ein neues Handeln Zeugnis abzulegen für die Botschaft Jesu, die dem Menschen neue Möglichkeiten zutraut.

Matthäus schließt sein Evangelium mit der Zusage Jesu: »Seid gewiss: Ich bin bei euch alle Tage bis zum Ende der Welt.« (28,20) Jesus greift hier die Zusage Jahwes an Mose am brennenden Dornbusch auf: »Ich bin mit dir.« (Ex 3,14) Jesus ist der Immanuel (= Gott mit uns), als der er schon dem Joseph vor der Geburt verkündet wurde. Jesus begleitet als der Auferstandene seine Boten, und kommt in diesen selbst zu allen Völkern. Die Kirche ist somit die Fortsetzung und Erweiterung des Wirkens Jesu. In der Kirche will der Auferstandene selbst zu den Menschen gehen und sie für das Leben aufschließen. Die Zusage Jesu ist aber vor allem Trostwort für die Jünger. Der Auferstandene ist bei den Jüngern mit seiner Kraft und mit seiner Weisung, aber er ist auch bei ihnen als der, der sie liebt und ihnen seine barmherzige Nähe zeigen möchte, die Matthäus im ganzen Evangelium immer wieder beschrieben hat.

Fazit

Was hat Matthäus uns heute zu sagen? Ist uns das mystische Johannesevangelium nicht viel lieber oder das kunstvoll erzählte Lukasevangelium? Sind die Lehren Jesu, die sich vor allem auf unser Verhalten dem Menschen gegenüber beziehen, heute eher anstößig? Sie sind so fordernd. Ich kenne viele Menschen, die durch eine moralisierende Auslegung der Botschaft Jesu verletzt worden sind. Daher verstehe ich, wenn sich manche mit dem Matthäusevangelium schwer tun. Doch bei der intensiven Beschäftigung mit diesem Evangelium ist mir neu aufgegangen, wie wichtig die Botschaft dieses in der alten Kirche so beliebten Evangeliums auch für unsere Zeit ist. Heute sind wir auf der Suche nach einem Weltethos, wie es vor allem der Schweizer Theologe Hans Küng seit langem fordert. Auf diesem Weg ist das Matthäusevangelium ein wichtiger Beitrag. Matthäus entfaltet die Ethik Jesu auf dem Hintergrund der ethischen Botschaft des Judentums und der griechischen Philosophie. Der Jesus des Matthäusevangeliums nimmt für sich in Anspruch, das jüdische Gesetz so auszulegen, wie es ursprünglich gemeint war. Er deutet in seiner Lehre den Willen Gottes für uns. Dabei geht es Jesus nicht um ein Ethos des Buchstabens, sondern des Herzens, aber nicht um bloße Gesinnungsethik, sondern um eine Ethik, die sich konkret ausdrückt in einem Verhalten, das der menschlichen Gesellschaft gut tut, das den Riss heilt, der die Menschen voneinander trennt. So ist gerade die Botschaft der Versöhnung und der Feindesliebe heute politisch hochaktuell. Wir können in dieser Welt nicht überleben, wenn wir uns den Luxus der Feindschaft und des Hasses leisten. Wir sind aufeinander angewiesen und können nur überleben, wenn wir aus der Erfahrung der bedingungslosen Liebe und der unbegrenzten Vergebungsbereitschaft Gottes Versöhnung stiften, wenn wir bereit sind, einander immer wieder zu vergeben. Das Matthäusevangelium ist eine Einweisung, wie Gemeinschaft, wie Gesellschaft, wie Völkergemeinschaft heute gelingen kann.

Matthäus hat wie kein anderer Evangelist Jesus als Juden dargestellt. In Jesus hat sich erfüllt, was das Alte Testament vom Bund Gottes mit den Menschen und von den Zusagen Gottes an sein Volk geschrieben hat. Für Matthäus ist das Volk Israel weiterhin das Volk, dem alle Verheißungen gelten. Die Kirche ist jedoch die eigentliche Fortsetzung Israels. Matthäus versteht sein Evangelium als Werbeschrift für die Juden, damit sie sich für Jesus entscheiden. Auch wenn seine kritischen Darlegungen zu den Pharisäern und manchen jüdischen Gesetzesauslegungen zu einer Diffamierung des Judentums geführt haben, könnte eine genaue Analyse des Matthäusevangeliums heute einen wichtigen Beitrag zur Versöhnung zwischen Juden und Christen leisten. Wenn die jahrhundertelangen Missverständnisse zwischen Juden und Christen ausgeräumt würden und ein neues Verstehen und einander Achten möglich wären, wäre das ein wichtiger Beitrag zur Versöhnung in unserer Welt, die weit über die Versöhnung zwischen diesen beiden Glaubensgemeinschaften hinausgehen würde.

Es wäre mir allerdings zu wenig, nur die ethische Dimension des Matthäusevangeliums zu bedenken. Für mich ist die eigentliche Botschaft spiritueller Natur. Das gilt einmal vom untrennbaren Zusammenhang von Gebet und Arbeit, von Gotteserfahrung und einem neuen Verhalten. Es gilt aber vor allem auch von dem zentralen Thema des Matthäusevangeliums: vom Vertrauen in den himmlischen Vater, dessen Söhne und Töchter wir sind. Angst ist heute weit verbreitet. Viele Menschen werden durch Ängste bestimmt und gelähmt. Der Jesus des Matthäusevangeliums will uns ermutigen, wie er auf Gott zu vertrauen, in dessen guter Hand wir sind. Dabei lässt diese Botschaft des Vertrauens die Naivität so mancher Prediger weit hinter sich, als ob uns, den Söhnen und Töchtern Gottes nichts Schlimmes widerfahren könnte. Wir können genauso wie Jesus in die Einsamkeit, in die Verlassenheit, in die Verzweiflung, in die Angst und Ohnmacht des Sterbens geraten. Aber selbst dort sind wir von Gottes guter Hand umfasst. So ist für mich eine wichtige Botschaft des Matthäusevangeliums: »Lebe aus dem Vertrauen und nicht aus der Angst! Du bist nicht allein auf deinem Weg. Christus als der Immanuel, als der »Gott mit uns« ist bei dir. Er kommt dir entgegen, wenn du wie Petrus in den Wellen und Wogen deines Lebens unterzugehen drohst. Er geht mit dir, wenn du in deinem Auftrag überfordert bist. Er ist bei dir, auch wenn du am Kreuz hängend nicht weiter weißt.«

Das Kreuz, so wie es Matthäus versteht, bedeutet nicht, dass wir uns das Leben schwer machen müssen. Es ist vielmehr Einübung in das Vertrauen, Zeichen des tiefsten Vertrauens, zu dem ein Mensch fähig ist, sich sterbend in die Arme des liebenden Vaters fallen zu lassen. Das Kreuz ist für Matthäus der Schlüssel zum Leben. Kreuz tragen ist identisch mit dem Zerbrechen des Ego, das ängstlich an sich festhält. Dieses Loslassen des Ego ist für die Mystiker aller Religionen der Schlüssel zur tiefsten Gotteserfahrung, zu der der Mensch fähig ist. Nur wer sein Ego lässt, wer das krampfhafte Sichklammern an das Ego löst, der wird Gott als den immer und überall Gegenwärtigen erfahren, nur der wird ganz im Augenblick sein. Er wird »wachsam« sein, wie Matthäus diese spirituelle und mystische Erfahrung nennt.

Literatur

Bertram Moros, ThWNT 837–852.

Eugen Drewermann, Tiefenpsychologie und Exegese I und II, Olten 1985 und 1986.

Joachim Gnilka, Das Matthäusevangelium I und II, Freiburg 1986 und 1988.

Walter Grundmann, Das Evangelium nach Matthäus, Berlin 1968.

Pinchas Lapide, Er wandelte nicht auf dem Meer. Ein jüdischer Theologe liest die Evangelien, Gütersloh 1984.

Meinrad Limbeck, Matthäus-Evangelium, Stuttgart 1986.

Ulrich Luz, Evangelium nach Matthäus I, II und III, Zürich-Neukirchen 1985–1995.

Rudolf Schnackenburg, Die Person Jesu Christi im Spiegel der vier Evangelien, Freiburg 1993.

Rudolf Schnackenburg, Matthäusevangelium, Würzburg 1985.

Eduard Schweizer, Das Evangelium nach Matthäus, Göttingen 1973.

Hermann-Josef Venetz, So fing es mit der Kirche an. Ein Blick in das Neue Testament, Zürich 1990.

Ken Wilber, Einfach »Das«, Frankfurt 2001.